# COMENTÁRIOS AOS ENUNCIADOS DO IBDA

## Mudanças na Lei de Improbidade Administrativa

ibda

INSTITUTO BRASILEIRO DE DIREITO ADMINISTRATIVO

ibda
INSTITUTO BRASILEIRO DE DIREITO ADMINISTRATIVO

CRISTIANA FORTINI
HELOÍSA HELENA A. M. GODINHO
LUIZ MAGNO P. BASTOS JUNIOR
RODRIGO VALGAS DOS SANTOS
*Coordenadores*

Prefácio
*Mauro Campbell Marques*

# COMENTÁRIOS AOS ENUNCIADOS DO IBDA

## Mudanças na Lei de Improbidade Administrativa

Belo Horizonte

FÓRUM
CONHECIMENTO JURÍDICO

2024

FÓRUM
CONHECIMENTO JURÍDICO

Luís Cláudio Rodrigues Ferreira
Presidente e Editor

Coordenação editorial: Leonardo Eustáquio Siqueira Araújo / Aline Sobreira de Oliveira
Revisão: Gabriela Sbeghen
Capa e projeto gráfico: Walter Santos
Diagramação: Formato Editoração

Rua Paulo Ribeiro Bastos, 211 – Jardim Atlântico – CEP 31710-430
Belo Horizonte – Minas Gerais – Tel.: (31) 99412.0131
www.editoraforum.com.br – editoraforum@editoraforum.com.br

Técnica. Empenho. Zelo. Esses foram alguns dos cuidados aplicados na edição desta obra. No entanto, podem ocorrer erros de impressão, digitação ou mesmo restar alguma dúvida conceitual. Caso se constate algo assim, solicitamos a gentileza de nos comunicar através do *e-mail* editorial@editoraforum.com.br para que possamos esclarecer, no que couber. A sua contribuição é muito importante para mantermos a excelência editorial. A Editora Fórum agradece a sua contribuição.

Dados Internacionais de Catalogação na Publicação (CIP) de acordo com ISBD

C732 Comentários aos enunciados do IBDA: mudanças na Lei de Improbidade Administrativa / Cristiana Fortini, Heloísa Helena A. M. Godinho, Luiz Magno P. Bastos Junior, Rodrigo Valgas dos Santos (coord.). Belo Horizonte: Fórum, 2024.
226p. 14,5x21,5cm

ISBN impresso 978-65-5518-727-4
ISBN digital 978-65-5518-725-0

1. Improbidade administrativa. 2. Alterações na Lei de Improbidade Administrativa (LIA). 3. Enunciados do IBDA sobre Improbidade Administrativa. 4. Comentários à Lei de Improbidade Administrativa. I. Fortini, Cristiana. II. Godinho, Heloísa Helena A. M. III. Bastos Junior, Luiz Magno P. IV. Valga, Rodrigo. V. Título.

CDD: 344.046
CDU: 349.6

Ficha catalográfica elaborada por Lissandra Ruas Lima – CRB/6 – 2851

Informação bibliográfica deste livro, conforme a NBR 6023:2018 da Associação Brasileira de Normas Técnicas (ABNT):

FORTINI, Cristiana; GODINHO, Heloísa Helena A. M.; BASTOS JUNIOR, Luiz Magno P.; SANTOS, Rodrigo Valgas dos (Coord.). *Comentários aos enunciados do IBDA*: mudanças na Lei de Improbidade Administrativa. Belo Horizonte: Fórum, 2024. 226p. ISBN 978-65-5518-727-4.

SUMÁRIO

## PREFÁCIO

Em maio de 2023, foi realizada a II Jornada de Direito Administrativo, promovida pelo Instituto Brasileiro de Direito Administrativo – IBDA, tendo como foco central as alterações introduzidas na Lei de Improbidade Administrativa pela Lei nº 14.230/2021. Esse evento, que ocorreu na cidade de Pirenópolis/GO, consistiu em um fórum de discussão no qual propostas foram submetidas, analisadas por comissões temáticas e, por fim, deliberadas em uma reunião plenária realizada em 26.5.2023.

A Lei nº 8.429/1992, um instrumento normativo destinado ao controle de atos ímprobos perpetrados contra a administração pública, conforme o § 4º do art. 37 da Constituição Federal, vigorou por quase três décadas, sofrendo alterações significativas e uma reforma substancial pela Lei nº 14.230/2021.

Essas mudanças legais, dadas sua extensão e profundidade, demandam atenção, reflexão e análise por parte dos profissionais do direito, abrangendo tanto os aspectos substantivos quanto os procedimentais, visando compreender os novos desafios e as orientações que emergem do tema. Isso porque a Lei nº 8.429/1992, ao longo de quase trinta anos de vigência, passou por alterações apenas pontuais em sua redação original, sendo frequentemente apontada como lacunosa, o que resultou na necessidade de uma extensa construção jurisprudencial e, por fim, em uma profunda reformulação pelo Congresso Nacional, concretizada na Lei nº 14.230/2021.

As alterações implementadas buscaram estabelecer um ambiente propício para o efetivo combate aos atos ímprobos contra a Administração Pública, observando o devido processo legal. Diante disso, os operadores do direito que atuam em processos de improbidade administrativa e respectivos recursos enfrentam um desafio considerável, devendo identificar as implicações que o novo texto legal pode gerar na jurisprudência dos tribunais.

Esta obra coletiva contribui para enfrentar esse desafio, apresentando comentários detalhados sobre os enunciados aprovados na II

Jornada de Direito Administrativo promovida pelo Instituto Brasileiro de Direito Administrativo – IBDA.

Os comentários aos enunciados são de autores renomados e especialistas na temática com base na doutrina e jurisprudência mais abalizada e atualizada, tornando a obra de grande interesse para todos os operadores do direito.

Este trabalho não se limita a apontar as alterações promovidas pela Lei nº 14.230/2021, mas efetivamente encara a complexa missão de discutir aspectos específicos de interesse de toda a comunidade jurídica, especialmente aqueles interessados nos rumos que a temática da *improbidade administrativa* tomará no contexto jurisprudencial.

Ao todo, são 39 enunciados discutidos no âmbito de sete comissões que integraram a preparação da Jornada. Entre os temas abordados, destacam-se as inovações trazidas pelos arts. 9º, 10 e 11 da Lei nº 14.230/2021, que englobam questões como condutas dolosas, dolo específico, a figura do mero beneficiário, a taxatividade do art. 11, o princípio da insignificância, a presunção de dano, o regime das empresas estatais em relação à improbidade administrativa e a tipificação dos processos em curso.

Outro tema de relevância discutido na Jornada refere-se à responsabilização por atos de improbidade, abrangendo aspectos como o julgamento do agente político e os crimes de responsabilidade, a aplicação da limitação da dupla punição pelo mesmo fato (*bis in idem*) no direito administrativo sancionador, o princípio da individualização das condutas, a aplicação de penalidade à pessoa jurídica privada e a pena de perda da função pública decorrente de atos de improbidade, entre outros.

Em continuidade, a Jornada abordou temas de direito intertemporal relacionados aos atos de improbidade administrativa, analisando aspectos como prescrição e o respectivo marco inicial. Além disso, destacaram-se questões processuais decorrentes das novidades trazidas pela Lei nº 14.230/2021, como os acordos de não persecução cível.

Desejo a todos uma leitura proveitosa e esclarecedora.

Brasília, março de 2024.

**Mauro Campbell Marques**
Ministro do Superior Tribunal de Justiça.

# APRESENTAÇÃO

O Instituto Brasileiro de Direito Administrativo – IBDA, em virtude de suas finalidades estatutárias de estudo, pesquisa, difusão e intercâmbio de conhecimentos no campo do direito administrativo, realizou as Jornadas de Pirenópolis – Goiás, para a produção dos II Enunciados do IBDA, desta vez, relativos às mudanças promovidas na Lei de Improbidade Administrativa (LIA) – Lei nº 8.429, de 2.6.1992.

A ideia era contribuir com a interpretação dos novos dispositivos legais, revelando "o pensamento que anima suas palavras", na feliz expressão de Clóvis Bevilaqua (*Teoria geral do direito civil*, 71. ed., p. 37).

Assim, no dia 26.5.2023, o IBDA promoveu a reunião plenária presencial para apresentação e votação das propostas dos enunciados analisados e aprovados em grupos de trabalho temáticos.

Foram aprovados 39 enunciados, extraídos das 229 propostas apresentadas pela comunidade jurídica em geral e amplamente discutidas por colegiados qualificados e plurais, compostos por docentes, advogados públicos e privados, integrantes do Poder Judiciário, do Ministério Público e dos Tribunais de Contas.

As Jornadas foram regidas por regulamento amplamente divulgado e disponibilizado no *site* do IBDA.

A metodologia utilizada contemplou as etapas de apresentação das propostas; seleção das propostas, com base em critérios de relevância e pertinência temática; discussão nas comissões de trabalho; aprovação e encaminhamento para discussão e votação na plenária presencial em Pirenópolis/GO; revisão e publicação dos enunciados aprovados.

Portanto, os 39 enunciados são o resultado dos estudos dos mais renomados e experientes juristas do país, com o intuito de colaborar com a interpretação dos dispositivos alterados pela Lei nº 14.230, de 25.10.2021.

Agora, o IBDA e a Editora Fórum apresentam esta obra, composta de comentários aos 39 enunciados, elaborados pelos integrantes dos grupos de trabalho temáticos e coordenadores gerais, cumprindo com a missão de contribuir para a melhor interpretação de temas tão relevantes para sociedade e despertar reflexões sobre o conteúdo e o alcance das alterações da LIA.

# COMENTÁRIOS AO ENUNCIADO Nº 1

**MÁRCIO CAMMAROSANO**
**MÁRCIO ALEXANDRE G. F. CAMMAROSANO**

> **Enunciado nº 1: A caracterização do ato de improbidade administrativa exige, cumulativamente, a presença dos seguintes requisitos: (i) tipicidade formal (conduta ilícita expressamente descrita em lei); (ii) tipicidade material (conteúdo materialmente ilícito da conduta) e (iii) conduta dolosa com o fim especial de agir (obtenção de proveito ou benefício indevido para si ou para outrem), por força do art. 1º, §1º e §2º e art. 11, §1º e §2º da Lei nº 8.429/92, com a redação dada pela Lei nº 14.230/2021.**

Ao ensejo de memorável jornada levada a efeito em Pirenópolis, estado de Goiás, em maio do ano de 2023, pelo Instituto Brasileiro de Direito Administrativo, de que tivemos o privilégio de participar, foram discutidas as inovações da Lei de Improbidade Administrativa – nº 8.429/93 –, introduzidas pela Lei nº 14.230/21.

Culminou o evento com a formulação de enunciados. O primeiro deles, transcrito acima, passamos a comentar com a maior concisão possível.

O núcleo do enunciado diz respeito à caracterização do ato de improbidade administrativa, que não se confunde com a mera ilegalidade, com qualquer ofensa ao ordenamento jurídico. Exige-se ilegalidade qualificada consoante os tipos comportamentais descritos na lei, e que o comportamento esteja eivado de dolo específico.

## I Da tipicidade

Sem adequação típica e o elemento subjetivo dolo específico comprovados não se caracteriza improbidade. Constituem requisitos que se somam, não bastando, por exemplo, imputar ofensa a valores morais juridicizados, isto é, ofensa à moralidade administrativa pura e simplesmente, reparável por outros instrumentos, como a ação popular.

A expressa exigência de tipicidade, conceito da teoria geral do direito, não exclusivo do direito penal, desdobra-se em tipicidade formal e material.

Verifica-se tipicidade formal quando o comportamento imputado a alguém se subsume rigorosamente ao tipo legal, hipótese de incidência da norma.

Mas não é o bastante. Consoante o enunciado, assim como em matéria de responsabilização criminal, exige-se também tipicidade material, isto é, lesividade relevante a bens jurídicos tutelados pela lei de improbidade.

O art. 11, §4º, exige lesividade relevante ao bem tutelado, para ser possível sancionamento independentemente "do reconhecimento da produção de danos ao erário e enriquecimento ilícito".

É bem verdade que a literalidade do §4º do art. 11 da lei pode levar ao açodamento hermenêutico, considerando-se assim que só se aplicaria aos tipos de improbidade descritos nos incisos desse mesmo artigo.

Todavia, exigências de interpretação sistemática, somadas aos postulados da razoabilidade e proporcionalidade, conduzem à melhor interpretação, qual seja: lesividade não relevante a bem juridicamente tutelado, em rigor insignificante, afasta a caracterização de qualquer tipo de improbidade. Afigura-se-nos até despiciendo o §4º do art. 11 considerado.

Com efeito, dizer que a insignificância de lesão a bem jurídico não deve ser sancionada constitui projeção de um princípio. O mesmo de há muito proclamado no direito sancionatório penal. Princípio que, relevante em matéria criminal, por igual razão é relevante em matéria de improbidade administrativa e sancionatória em geral.

Os tipos de improbidade constantes da lei são os descritos de forma mais aberta no *caput* dos arts. 9º e 10, e de forma mais precisa nos respectivos incisos. Quanto ao art. 11, não basta invocar o *caput*, mas tipificar o comportamento, que há de corresponder a um dos incisos do mesmo artigo, cujo rol é exaustivo.

Não há como imputar improbidade com fundamento somente no *caput* do art. 11, por violação a princípios e valores a que se refere. Princípios, valores, deveres genericamente enunciados carecem de densidade normativa, de um mínimo de precisão tipológica. Para fins sancionatórios de elevada contundência, exige-se predeterminação formal, tipicidade, sob pena de ofensa intolerável à segurança jurídica.

## II Do dolo específico

É indiscutível a relevância jurídica da vontade livre e consciente na tipificação de improbidade administrativa, elemento subjetivo absolutamente necessário. Como é cediço, sem liberdade não há responsabilidade.

A voluntariedade é atributo essencial do comportamento humano.

Situação há, todavia, em que a vontade não é realmente livre, de sorte que o comportamento, seja uma ação ou inação, não é resultado do livre arbítrio. São situações como a coação irresistível, reações instintivas ou orgânicas, estar-se privado das faculdades mentais.

Nos casos de ofensa à ordem jurídica, o proceder de forma voluntária pode ter sido com *intenção*, com a *consciência* da ilicitude do *proceder* ou do *resultado* a que o proceder tenha sido preordenado, ou não, mas imputável a título de imprudência, negligência ou imperícia, compreendido o erro, isto é, uma falsa e involuntária percepção da realidade.

Sistemas de responsabilização há que contemplam responsabilidades objetivas, bastando a ofensa a bem jurídico tutelado decorrente da mera voluntariedade do comportamento, como em matéria ambiental.

Contudo, a regra é a responsabilização subjetiva que, para além da voluntariedade das ações ou inações, exige dolo ou culpa no sentido estrito do termo (imprudência, negligência ou imperícia).

Para caracterização de improbidade administrativa, além da mera voluntariedade da ação ou omissão, exigem as novas disposições legais dolo, dolo específico, restando eliminada a modalidade culposa contemplada até então no art. 10 da lei de improbidade, na sua redação original.

Cuidou também a lei, por nossa sugestão ao relator da matéria na Câmara dos Deputados, de definir claramente o elemento subjetivo *dolo*,[1] para evitar distorções consistentes em confundir dolo com a mera voluntariedade do comportamento.

---

[1] "Art. 1º [...] §1º Consideram-se atos de improbidade administrativa as condutas dolosas tipificadas nos arts. 9º, 10 e 11 desta Lei, ressalvados tipos previstos em leis especiais. §2º

Andou muito bem o legislador. Querer dado comportamento, assim voluntário, não implica necessariamente ter consciência de sua contrariedade ao direito, ou da antijuridicidade do resultado a que venha a dar causa. A configuração de dolo, genérico ou específico, é indissociável da intenção viciada pela má-fé.

Mas além de se exigir expressamente dolo, direto e não eventual, o dolo deve ser específico. A especificidade do dolo não decorre do art. 1º, §§2º e 3º da lei, mas dos §§1º e 2º, conjugados, do art. 11.[2]

Irreparável, destarte, o Enunciado nº 1, aprovado pelo Instituto Brasileiro de Direito Administrativo – IBDA.

Informação bibliográfica deste texto, conforme a NBR 6023:2018 da Associação Brasileira de Normas Técnicas (ABNT):

CAMMAROSANO, Márcio; CAMMAROSANO, Márcio Alexandre G. F. Comentários ao Enunciado nº 1. *In*: FORTINI, Cristiana; GODINHO, Heloísa Helena A. M.; BASTOS JUNIOR, Luiz Magno P.; SANTOS, Rodrigo Valgas dos (Coord.). *Comentários aos Enunciados do IBDA*: mudanças na Lei de Improbidade Administrativa. Belo Horizonte: Fórum, 2024. p. 15-18. ISBN 978-65-5518-727-4.

Considera-se dolo a vontade livre e consciente de alcançar o resultado ilícito tipificado nos arts. 9º, 10 e 11 desta Lei, não bastando a voluntariedade do agente".

2 "Art. 11. [...] §1º Nos termos da Convenção das Nações Unidas contra a Corrupção, promulgada pelo Decreto nº 5.687, de 31 de janeiro de 2006, somente haverá improbidade administrativa, na aplicação deste artigo, quando for comprovado na conduta funcional do agente público o fim de obter proveito ou benefício indevido para si ou para outra pessoa ou entidade. §2º Aplica-se o disposto no §1º deste artigo a quaisquer atos de improbidade administrativa tipificados nesta Lei e em leis especiais e a quaisquer outros tipos especiais de improbidade administrativa instituídos por lei".

# COMENTÁRIOS AO ENUNCIADO Nº 2

**ANTÔNIO FLÁVIO DE OLIVEIRA**
**MAÍSA DE CASTRO SOUSA**

**Enunciado nº 2: O ato de improbidade administrativa exige para sua configuração, em todas as modalidades, dolo específico, não sendo cabível a aplicação de sanção em caso de dolo eventual e de dolo genérico.**

Desde a alteração sofrida pela Lei de Improbidade Administrativa (Lei nº 8.429/1992), com a edição da Lei nº 14.230, de 2021, procurou-se delinear de modo claro e objetivo o que se considerará ato de improbidade administrativa, trazendo a novel redação legal diversos pontos de interpretação autêntica a respeito daquilo que antes se encontrava à mercê de interpretações doutrinárias e jurisprudenciais, as quais nem sempre caminham em uma mesma direção.

Interessante, aliás, perceber que a lei de improbidade administrativa passou a se intitular, após a alteração, "sistema de responsabilização por atos de improbidade administrativa", o que fixa para seus intérpretes o dever de, ao realizarem a compreensão dos seus dispositivos, ter maior zelo quanto ao critério sistemático da interpretação a ser realizada, uma vez que, por se tratar de um sistema, o que agora é explicitado de forma expressa, não restará margem para entendimentos que não coadunem com o conjunto. Não que fosse de outra forma com a redação anterior, mas porque antes não havia tal determinação positivada.

Tratou o legislador atualizador do sistema de estabelecer os exatos contornos do que se pretende com a lei de improbidade administrativa, endereçando suas ações a "assegurar a integridade do patrimônio público e social". Desse modo, quando se verifica que há dispositivo que trata especificamente da violação de princípios, como é o caso do art. 11, e tendo em vista a compreensão sistemática do diploma legal, há que se chegar à conclusão de que, a partir da alteração legislativa, os princípios ali velados passaram a gozar da condição de patrimônio público e social.

Se houve algo que sobressaísse da modificação promovida pela Lei nº 14.230/2021, quanto aos seus objetivos, foi exatamente o intuito de conferir maior clareza quanto ao significado dos termos contidos no referido diploma, o delineamento de limites de atuação de seus intérpretes, o estabelecimento do que pode, ou não, a ser considerado ato de improbidade administrativa.

## Ato de improbidade administrativa

Algumas condutas que antes eram consideradas ato de improbidade administrativa, porque estavam elencadas nos arts. 9º, 10 e 11 da Lei de Improbidade Administrativa, com sua redação original, foram excluídas pela Lei nº 14.230/2021, tornando mais estreitas as possibilidades interpretativas, de modo que, para que se considere ato de improbidade determinada conduta, mais do que contar com a percepção do intérprete, tenha-se a subsunção da referida conduta ao que expressa a norma.

Nesse aspecto é ampla a compreensão de que as mudanças promoveram maior segurança jurídica àqueles que exercem alguma atividade pública. De outra parte, há também aqueles que viram na mudança uma redução das possibilidades de controle. Certo, no entanto, e uníssono é que o movimento veio em resposta ao que ficou conhecido como criminalização da "política" ou da "administração".

Doravante atos administrativos somente poderão ser considerados ímprobos se, na sua prática, além da violação normativa, encontrar-se presente o dolo específico, ou seja, a vontade consciente de praticar a conduta danosa tal como descrita na lei.

A impossibilidade, todavia, de se enquadrar uma conduta danosa como ímproba, porque não restou comprovado o dolo específico, não ilide a possibilidade de que sanções de outra ordem sejam aplicadas àquele que praticou o ato, como exemplo, responsabilização administrativa disciplinar, responsabilização civil ou até mesmo a responsabilidade penal, quando esta admite o dolo eventual ou genérico.

Portanto, nenhuma das modalidades de improbidade, as quais se encontram descritas nos tipos dos arts. 9º, 10 e 11, poderá se considerar como praticada senão quando presente dolo específico, este caracterizado pela vontade consciente do agente em praticar a conduta danosa, tal como descrita na lei.

Desse modo, não sobrevive condição para que se faça uso na caracterização do ato de improbidade de alguma outra modalidade de dolo, que não o específico. Impedindo-se de forma literal, consoante se vê do texto legal, presente no art. 1º, §2º,[1] que sirvam para esse fim os chamados dolo eventual ou genérico. Somente no caso de ter sido este praticado com o intuito de se obter proveito ou algum benefício indevido para o próprio praticante do ato ou com a intenção de beneficiar outrem ou entidade é que se poderá ter como caracterizado ato de improbidade administrativa.

## Dolo eventual e dolo genérico

A simples assunção do risco de produzir o evento danoso, que caso houvesse vontade dirigida a esse fim caracterizaria o dolo específico, não é condição para a caracterização do ato como ímprobo, o que, como já afirmado em linhas pretéritas, não implica a inexistência de sancionamento como consequência. O que não haverá será o sancionamento por ato de improbidade administrativa, podendo, todavia, a conduta configurar infração administrativa ou criminal.

Repise-se, portanto, que a não configuração de ato de improbidade administrativa não afasta, por si só, a possibilidade de infrações de outra ordem. O que ficou estabelecido com as alterações promovidas com a Lei nº 14.230/2021 foi que, para a configuração de determinado ato como improbidade administrativa, esse mesmo ato deverá ser corroborado pelo dolo específico, ou seja, a vontade consciente do agente em produzir o resultado danoso conforme a descrição do tipo legal.

## Interpretação autêntica

É notória na confecção da Lei nº 14.230, de 2021, que resultou nas alterações à lei de improbidade administrativa, que houve uma preocupação em realizar interpretação de dispositivos presentes naquele diploma, conduzindo para a direção da *mens legislatoris* e *mens legis* o que de outro modo acabaria por demandar de modo mais intenso a atuação tanto da doutrina quanto da jurisprudência no desenvolvimento do mister interpretativo.

---

1 "Art. 1º [...] §2º Considera-se dolo a vontade livre e consciente de alcançar o resultado ilícito tipificado nos arts. 9º, 10 e 11 desta Lei, não bastando a voluntariedade do agente".

Resiste sim campo para interpretação jurisprudencial ou doutrinária no que diz respeito a atos de improbidade administrativa, mas não com a mesma largueza que anteriormente havia, quando era possível se enquadrar como tais condutas nas quais a presença do dolo apenas permitiria enxergar esse na condição de dolo eventual ou genérico. Porém, tratou o legislador até mesmo de especificar o que se tem por dolo para o fim de caracterização de ato de improbidade administrativa, não remanescendo dúvida quanto ao fato de este ser o dolo específico, nos moldes do art. 1º, §2º.

## Teleologia normativa

Tendo em vista que se utiliza da expressão "sistema" para fazer referência à improbidade administrativa, fica evidenciado que há um endereçamento à compreensão da teologia que se pretende tenha como evidente na produção da lei, que é assegurar a integridade do patrimônio público e social, sem que, contudo, disso acabem por resultar inviabilidades para ações administrativa que se demonstrem necessárias, mas que em razão de uma compreensão mais elástica do que seja improbidade terminaria por se enquadrar como ímprobas.

Aliás, esse direcionamento teleológico já se fazia anunciar nas alterações que haviam sido realizadas na Lei de Introdução às Normas de Direito Brasileiro, que em vários pontos procura resguardar a intenção de realização de ações conducentes ao bem estar coletivo, ou seja, buscava mitigar a incidência do princípio da legalidade, princípio do interesse público, impessoalidade, eficiência e moralidade administrativa, preservando ações praticadas pela Administração Pública com o intento de apresentar soluções para problemas de outro modo não solucionáveis com a mesma rapidez e eficácia.

Informação bibliográfica deste texto, conforme a NBR 6023:2018 da Associação Brasileira de Normas Técnicas (ABNT):

OLIVEIRA, Antônio Flávio de; SOUSA, Maísa de Castro. Comentários ao Enunciado nº 2. *In*: FORTINI, Cristiana; GODINHO, Heloísa Helena A. M.; BASTOS JUNIOR, Luiz Magno P.; SANTOS, Rodrigo Valgas dos (Coord.). *Comentários aos Enunciados do IBDA*: mudanças na Lei de Improbidade Administrativa. Belo Horizonte: Fórum, 2024. p. 19-22. ISBN 978-65-5518-727-4.

# COMENTÁRIOS AO ENUNCIADO Nº 3

**LUCIANO FERRAZ**
**LEONARDO FERRAZ**

> **Enunciado nº 3: O particular, quando beneficiário de ato ou contrato com a Administração Pública, só pode ser enquadrado na Lei de Improbidade Administrativa se houver induzido ou concorrido dolosamente para a consumação da conduta.**

Em interessante pesquisa sobre o tema da corrupção, Ivan Krastev (*Shifting obsessions*: three essays on the politics of anticorruption. Budapest: Central European University, 2004. *E-book*) expõe razões de o antagonismo ao fenômeno ter-se tornado uma obsessão global nos últimos pelo menos vinte anos. Segundo Krastev, a repulsa moral da sociedade contra práticas corruptivas é tão intensa, que muitas vezes provoca um desbalanceamento na relação custo-benefício das políticas destinadas ao seu combate.

Esse componente moral é responsável por unir, sem maiores digressões e preocupações teóricas, os conceitos de corrupção, improbidade e ilegalidade administrativa no Brasil. Essa mistura irrefletida leva ao desenvolvimento de uma cultura institucional, social e midiática disposta a expiar da esfera pública quaisquer comportamentos que toquem minimamente nesses conceitos. O efeito dessa postura, regra geral, vem acompanhada de excessos, com visões de cunho majoritariamente punitivista, como se observa diariamente no cotidiano da Administração Pública brasileira.

O reflexo desse modo de pensar se projeta sobre o âmago das decisões administrativas públicas, traduzindo-se naquilo que ordinariamente se denomina "apagão das canetas ou dos tokens", ombreado pela disseminação do sentimento de medo de decidir no seio da Administração Pública, como aduz Rodrigo Valgas dos Santos (*Direito administrativo do medo*: risco e fuga da responsabilização dos agentes públicos. 2. ed. São Paulo: RT, 2022).

Nesse ponto reside a razão principal que levou o Congresso Nacional, mediante a Lei nº 14.230/21, a produzir um movimento de *backlash* legislativo, o qual impôs, ao âmbito das improbidades administrativas, um freio de arrumação.

Não obstante isso, ainda com fincas nessa visão forte de moralidade como referencial normativo-controlador, constata-se considerável resistência, de parte da comunidade jurídica nacional, em aceitar essas mudanças carreadas pela novel legislação. Esse *modus operandi* não deixa de ser uma maneira subliminar de desqualificar escolhas legítimas feitas pelo legislador democrático.

Curiosamente, autores jusmoralistas de escol, como o norte-americano Ronald Dworkin, reconhecem que é legítimo ao legislador democrático estabelecer normas positivadas para regular dissensos morais, e que as convenções aprovadas em tais situações devem ser cumpridas e respeitadas, com a advertência de que os operadores do direito não sejam aferroados pelo agulhão semântico, que preordena (e engessa) a concretização dos (de todos) os sentidos da norma a partir de critérios preestabelecidos e alheios ao contexto.

Com efeito, em bem pouco tempo de vigência, já foram ajuizadas diversas ações diretas de inconstitucionalidade em face de dispositivos introduzidos pela Lei nº 14.230/21 (*v.g.*, ADI nº 7.042/7.043; ADI nº 7.156; ADI nº 7.236), sem falar na guerra de entendimentos relacionada com os contornos da decisão do Tema nº 1.199 pelo STF.

Nesse cenário, o IBDA – Instituto Brasileiro de Direito Administrativo decidiu assumir posição, editando 39 enunciados sobre o tema das improbidades administrativas, em reunião de professores e membros realizada na jornada de Pirenópolis, em maio de 2023.

Entre os 39 enunciados aprovados, destacou-se, para este ensaio, o Enunciado nº 3 do IBDA, cuja redação é a seguinte:

> O particular, quando beneficiário de ato ou contrato com a Administração Pública, só pode ser enquadrado na Lei de Improbidade Administrativa se houver induzido ou concorrido dolosamente para a consumação da conduta.

O enunciado tem correlação com os limites subjetivos para o enquadramento ou a tipificação de condutas, em relação a pessoas físicas e jurídicas, consideradas terceiros na relação do ato de improbidade administrativa; é dizer, sua condição é de que agem na qualidade de agentes privados, sem que sejam qualificados como agentes públicos ou equiparados.

Na redação originária do art. 3º da LIA, poderiam ser acusados de atos de improbidade, em conjunto obrigatoriamente com o agente público (ver, a respeito, STJ, REsp nº 1.155.992/PA, Rel. Min. Herman Benjamin, Segunda Turma, julgado em 23.3.2010, *DJe* de 1º.7.2010; STJ, REsp nº 1.181.300/PA, Rel. Min. Castro Meira, Segunda Turma, julgado em 14.9.2010, *DJe* de 24.9.2010), agentes privados que induzissem ou concorressem para a prática do ato de improbidade, assim como aqueles que tivessem se beneficiado (indevidamente, diga-se de passagem) direta ou indiretamente desse mesmo ato.

Após a Lei nº 14.230/21, o art. 3º da LIA excluiu da incidência do preceito legal a figura do beneficiário direto ou indireto, restringindo a possibilidade de tipificação das condutadas aos terceiros que tenham concorrido ou induzido à prática do ato de improbidade administrativa. Essa redução semântica proposta pelo legislador reduz as possibilidades de tipificação da conduta de terceiros nas ações de improbidade administrativa. Apenas dois de três comportamentos permanecem na tipologia do art. 3º da LIA, o do indutor e o do coparticipante, não o do beneficiário.

Nessa linha de raciocínio, a manutenção da figura do mero beneficiário, no polo passivo de ações de improbidade, é incompatível com a atual sistemática introduzida pela Lei nº 14.230/21, simplesmente porque sua conduta deixou de ter previsão na lei. É atípica! Mais do que isso, porque sua conduta é "passiva", destituída, portanto, de qualquer repercussão para o resultado ilícito exigido, podendo se afigurar, no limite do limite, como conduta culposa que deixou de ser tratada como ato de improbidade administrativa pela nova lei.

Essa constatação, sob a perspectiva prática, tem pelo menos três efeitos:

a) Os beneficiários que foram incluídos em ações de improbidade em curso antes da nova lei se convolaram em parte ilegítima nessas ações, em razão da atipicidade superveniente da sua conduta.
b) A inclusão de terceiros particulares (beneficiários) – na dicção do Enunciado nº 3 do IBDA – no polo passivo da ação de improbidade após a vigência da Lei nº 14.230/21 exige que haja indícios bastantes de que eles tenham induzido (aí ele

é partícipe) ou concorrido (aí ele é coautor), em adesão ao agente público ou equiparado, contribuindo para a consumação do resultado objurgado.

c) A conduta típica infirmada pela nova Lei nº 14.230/21 consiste em obter para si ou para outrem proveito ou benefício indevido (art. 17-C, VI da LIA), não se compatibilizando com comportamentos de natureza culposa ou derivados da figura do dolo genérico, que, ao fundo, encerra o conceito de responsabilidade objetiva.

Em suma, para que a nova redação do art. 3º da LIA justifique a inclusão do particular no polo passivo da ação, exige-se muito mais do que apenas a figuração do agente privado (terceiro) nos arredores do ato ou contrato de que é signatário com a Administração Pública. É imperioso que ele tenha obrado (ou se omitido), imbuído de dolo específico (elemento subjetivo relacionado à ideia de ardil, fraude, má-fé), induzindo ou coparticipando, em conjunto com o agente público ou equiparado, das condutas vedadas pela lei.

Informação bibliográfica deste texto, conforme a NBR 6023:2018 da Associação Brasileira de Normas Técnicas (ABNT):

FERRAZ, Luciano; FERRAZ, Leonardo. Comentários ao Enunciado nº 3. *In*: FORTINI, Cristiana; GODINHO, Heloísa Helena A. M.; BASTOS JUNIOR, Luiz Magno P.; SANTOS, Rodrigo Valgas dos (Coord.). *Comentários aos Enunciados do IBDA*: mudanças na Lei de Improbidade Administrativa. Belo Horizonte: Fórum, 2024. p. 23-26. ISBN 978-65-5518-727-4.

# COMENTÁRIOS AO ENUNCIADO Nº 4

VIRGINIA KIRCHMEYER VIEIRA

**Enunciado nº 4: Somente constitui ato de improbidade administrativa que atenta contra os princípios da Administração Pública a ação ou omissão dolosa que viole os deveres de honestidade, imparcialidade e legalidade e se enquadre, concomitantemente, em um dos incisos do art. 11 da Lei nº 8.429/92.**

O tema sobre a improbidade administrativa há muito ocupa o centro das discussões acadêmicas e políticas e dos tribunais, por permear matéria relacionada à corrupção, assunto permanente nos últimos tempos no Brasil.

A improbidade administrativa vem sendo debatida e tratada legalmente desde a Constituição da República de 1988 (art. 37, §4º), tendo sido regulamentada pela Lei nº 8.429, de 2.6.1992, que sofreu importantes alterações, sendo a mais recente pela Lei nº 14.230, de 25.10.2021, ou seja, a matéria é antiga e, ao mesmo tempo, atual, suscitando controvérsias ao longo de seus trinta e poucos anos.

As mudanças trazidas pela Lei nº 14.230/21 são fruto de demandas advindas não apenas dos doutrinadores, mas também dos julgadores, em razão de alguns dos aspectos nucleares da Lei de Improbidade Administrativa – LIA não estarem conectados à contemporaneidade, o que acabava por transferir ao magistrado a incumbência de interpretação ampliativa para garantir o adequado julgamento.

Uma das mais importantes e aguardadas alterações da LIA foi a exclusão de sanção para as condutas culposas. A nova redação do §1º, art. 1º, conceituou a improbidade administrativa contemplando apenas as condutas dolosas tipificadas nas espécies constantes nos arts. 9º, 10 e 11, respectivamente que importam enriquecimento ilícito, que causam prejuízo ao erário e que atentam contra os princípios da Administração Pública.

Nesse sentido, a partir da vigência da Lei nº 14.230/21, apenas os atos praticados com dolo, com má-fé, são passíveis de serem denominados ímprobos, de modo a evitar a alcunha de corrupto para aqueles cuja conduta é aceitável de acordo com o senso comum.

Na esteira de alterações relevantes da LIA, a redação do art. 11 também contém importante novidade para as ações e omissões induvidosamente dolosas que contrariam princípios da Administração Pública.

No *caput* do novo dispositivo constou expressamente que as condutas passíveis de punição são aquelas cujo elemento subjetivo é o dolo. Além disso, substituiu o termo "notadamente" por "caracterizada por uma das seguintes condutas".

Essa alteração afasta o caráter exemplificativo da previsão punitiva e cede lugar ao rol taxativo, ou seja, as condutas descritas em doze incisos – alguns deles revogados – são exaustivas para o tipo, não permitem qualquer interpretação ampliativa.

Analisando a tramitação do projeto de lei que originou a Lei nº 14.230/21, verifica-se que foi apresentada emenda para manter a expressão "notadamente" ao final do *caput* do art. 11, com a justificativa de que as condutas ilícitas arroladas no artigo não poderiam esgotar os atos de improbidade que atentam contra os princípios da Administração Pública, sob pena de se aumentar a impunidade e diminuir a responsabilização de agentes.

Contudo, a emenda foi rejeitada, prevalecendo o entendimento de que a falta de clareza e de limite dos tipos das condutas repreensíveis manteria a exposição dos agentes a eventuais condenações sem a devida previsão legal, o que não se admite em matéria sancionatória.

Mas não é só. O rol taxativo disposto no art. 11 tem o condão de limitar a caracterização da improbidade administrativa se constatado concomitantemente o dolo que viole os deveres de honestidade, de imparcialidade e de legalidade.

Com isso, percebe-se que o legislador não busca a punição por si só, vislumbra-se o anseio da compatibilidade dos atos administrativos com a conduta ética, o esforço de trazer para a organização estatal a cultura de integridade e o conceito de boas práticas administrativas de governança.

Nessa perspectiva, somente na hipótese de os comportamentos violarem intencionalmente a honestidade, a imparcialidade e a legalidade, desde que enquadrados ao mesmo tempo em um dos incisos do art. 11, é que o agente poderá ser punido por lesão à probidade administrativa.

Além disso, o §1º do referido art. 11 menciona que na Convenção das Nações Unidas contra a Corrupção – cujo teor foi adotado pela Assembleia-Geral das Nações Unidas, em 31.10.2003, e assinada pelo Brasil, em 9.12.2003 – a improbidade somente é revelada quando comprovado o objetivo de obtenção de proveito ou benefício indevidos.

Com a referência à Convenção das Nações Unidas contra a Corrupção, o legislador sugere que o Brasil está alinhado com os compromissos assumidos junto a organismos internacionais para o enfrentamento à corrupção, assim como o fez anos antes com a edição da Lei nº 12.846, de 1º.8.2013, denominada Lei Anticorrupção Empresarial.

Já o §3º do mesmo artigo da LIA dispõe que o enquadramento na conduta delineada no dispositivo pressupõe a demonstração da prática de ilegalidade, com a descrição das normas violadas.

Conjugando as regras previstas nos mencionados §§1º e 3º, extrai-se que os atos praticados com fim diverso do previsto em lei, visando à resultado não baseado no interesse público, são os passíveis de serem considerados atos de improbidade administrativa.

Também o §4º trata da exigência de comprovação do ato ímprobo para que a sanção seja possível, acrescentando a necessidade de a lesão ser relevante, independentemente de dano ao erário e enriquecimento ilícito.

Assim, não é toda e qualquer ilegalidade que configura improbidade administrativa, além da necessidade de a ilicitude ser consciente e estar somada à desonestidade, indispensável a proeminência da lesão.

Com essas redações incluídas nos §§1º, 3º e 4º do art. 11 pela Lei nº 14.230/21, o legislador reforça a opção da reforma do *caput*, qual seja, a punição de ofensa dolosa a princípios e a não admissão de sancionamento a condutas não descritas e não demonstradas expressamente.

O combate à improbidade administrativa no Estado democrático de direito se faz por meio de leis claras, com regras expressas, que não deixem margem de dúvidas quanto à evidenciação do ato, seja na intenção, seja na tipificação. Por isso, as alterações promovidas no art. 11 da LIA, pela Lei nº 14.230/21, servirão tanto para orientar, quanto para reprimir os atos desonestos contra a administração estatal e o interesse público.

Nesse contexto de ideias, pode-se afirmar que somente constitui ato de improbidade administrativa que atenta contra os princípios da Administração Pública a ação ou omissão dolosa que viole os deveres de honestidade, imparcialidade e legalidade e se enquadre, concomitantemente, em um dos incisos do art. 11 da Lei nº 8.429/92.

Informação bibliográfica deste texto, conforme a NBR 6023:2018 da Associação Brasileira de Normas Técnicas (ABNT):

VIEIRA, Virginia Kirchmeyer. Comentários ao Enunciado nº 4. *In*: FORTINI, Cristiana; GODINHO, Heloísa Helena A. M.; BASTOS JUNIOR, Luiz Magno P.; SANTOS, Rodrigo Valgas dos (Coord.). *Comentários aos Enunciados do IBDA*: mudanças na Lei de Improbidade Administrativa. Belo Horizonte: Fórum, 2024. p. 27-30. ISBN 978-65-5518-727-4.

# COMENTÁRIOS AO ENUNCIADO Nº 5

MARIA FERNANDA VELOSO PIRES
CAIO MÁRIO LANA CAVALCANTI

> **Enunciado nº 5: O princípio da insignificância é aplicável aos atos de improbidade administrativa.**

## I Introdução

A II Jornada de Direito Administrativo, organizada pelo Instituto Brasileiro de Direito Administrativo (IBDA), teve como eixo central as mudanças perpetradas pela Lei nº 14.230/21, que modificou substancialmente a Lei nº 8.429/92, Lei de Improbidade Administrativa. O evento, ocorrido em Pirenópolis, Goiás, contou com a aprovação, no dia 26.5.2023, de 39 (trinta e nove) enunciados, de um total de 229 (duzentas e vinte e nove) propostas enviadas pela comunidade jurídica, após discussão ampla em plenária, em diálogo firmado por administrativistas dos quatro cantos do país.

Em síntese, a metodologia da aprovação dos enunciados contemplou 5 (cinco) etapas, quais sejam: a uma, a apresentação das propostas, a serem recebidas eletronicamente; a duas, a seleção das propostas, mediante critérios objetivos, após análise da coordenação-geral, dos grupos de trabalho e dos coordenadores científicos; a três, a discussão e a aprovação das propostas em plenária, após debate; e, por fim, a cinco, a revisão e publicação dos enunciados aprovados.

O Enunciado nº 5, entre os aprovados pelos participantes da plenária, todos administrativistas com contato profissional com o instituto da improbidade administrativa, será objeto de breves considerações. Assim versa a sua redação: "o princípio da insignificância é aplicável aos atos de improbidade administrativa", conteúdo que, antes da aprovação, gerou debate entre os estudiosos.

## II Das breves razões que amparam o enunciado

O princípio da insignificância, em síntese e sem adentrar em suas especificidades, estipula que deve ser afastado o poder de punir estatal quando certa conduta, malgrado formalmente típica, assim não o é em seu aspecto material, tendo em vista os seguintes parâmetros já estabelecidos pela jurisprudência pátria: a mínima ofensividade da conduta do infrator, a ausência de periculosidade social da ação, o reduzido grau de reprovabilidade da conduta e a inexpressividade da lesão ao bem jurídico tutelado.

Conquanto em regra consagrado na seara penal,[1] na seara da improbidade administrativa o reconhecimento de atos ímprobos de bagatela, principalmente até então, residia em campo nebuloso, existindo vozes favoráveis à aplicação do princípio da insignificância e, diversamente, posições que rechaçavam a sua utilização pelos operadores jurídicos. As primeiras, em suma, compreendem que o *jus puniendi*, inclusive no contexto administrativo e sancionador, está limitado ao princípio da proporcionalidade e ao devido processo legal substancial, sobretudo no que diz respeito à proibição do excesso; as segundas, em sentido diverso, defendem que a defesa da probidade administrativa não comporta a ideia de lesões insignificantes, razão pela qual não poderiam existir condutas ímprobas imunes ao poder de punir estatal, de tal arte que a magnitude da conduta seria considerada apenas quando da gradação da pena.

Em nossa avaliação, sempre defendemos que o princípio da significância é plenamente aplicável aos atos de improbidade administrativa: isso porque, conforme defendem os estudiosos daquela primeira corrente, a proporcionalidade em sua faceta da proibição do excesso e o princípio da necessidade da pena determinam que a fixação das severas penalidades da Lei nº 8.429/92 somente faz sentido se a tipicidade formal estiver acompanhada de uma relevância da infração, mínima que

---

[1] Diz-se em regra porque há entendimento sumulado excepcionando a aplicação do princípio da insignificância quando do cometimento dos delitos contra a Administração Pública. Nesse sentido é o teor do Enunciado nº 599 da Súmula do Superior Tribunal de Justiça, que versa: "o princípio da insignificância é inaplicável aos crimes contra a administração pública". Ainda assim, entretanto, em situações específicas, após análise casuística, já foi afastado o entendimento sumulado, pela própria Corte Superior de Justiça, em algumas situações peculiares. O Supremo Tribunal Federal, no mesmo trilho, possui alguns julgados que afastam a exegese do mencionado entendimento sumulado, em contextos em que a lesão ao bem jurídico tutelado afastam a denominada tipicidade material do delito.

seja. Condutas totalmente irrelevantes, portanto, até considerando os gastos financeiros que significam a movimentação da máquina estatal, não merecem repressão, em uma relação de custo e benefício entre os princípios jurídicos e as diretrizes normativas envolvidas.

Nesse sentido, também pela aplicação do princípio da insignificância, esclarece Emerson Garcia:

> [A] prática de atos que importem em insignificante lesão aos deveres do cargo, ou à consecução dos fins visados, é inapta a delinear o perfil do ímprobo; isto porque a aplicação das sanções previstas no art. 12 da Lei 8.429/92 ao agente acarretaria lesão maior do que aquela que o mesmo causara ao ente estatal.[2]

Em sentido semelhante, com razão, Heraldo Garcia Vitta adverte que "condutas que resultem danos ínfimos, irrisórios, podem ser desconsideradas como ilícitas"[3] e, na mesma toada, Marcelo Harger destaca que é aplicável aos atos ímprobos a lógica dos crimes de bagatela, segundo os parâmetros já consolidados pela jurisprudência, "quando se conjugarem os seguintes requisitos: (a) a mínima ofensividade da conduta do agente, (b) a nenhuma periculosidade social da ação, (c) o reduzidíssimo grau de reprovabilidade do comportamento e (d) a inexpressividade da lesão jurídica provocada".[4]

Compreende-se, de toda sorte, que, se antes o assunto era totalmente controverso, atualmente há um mandamento legal que permite a exegese no sentido da possibilidade de aplicação do princípio da insignificância no seio da improbidade administrativa. Isso haja vista que a Lei nº 14.230/21 acresceu, a uma, o §4º ao art. 11 da Lei nº 8.429/92, para fazer constar que "os atos de improbidade de que trata este artigo exigem lesividade relevante ao bem jurídico tutelado para serem passíveis de sancionamento e independem do reconhecimento da produção de danos ao erário e de enriquecimento ilícito dos agentes públicos"; e, a duas, o §5º ao art. 12, para versar que "no caso de atos de menor ofensa

---

2 GARCIA, Emerson. A improbidade administrativa e sua sistematização. *Revista Jus Navigandi*, Teresina, ano 8, n. 86, 27 set. 2003. ISSN 1518-4862. Disponível em: https://jus.com.br/artigos/4284. Acesso em: 12 nov. 2023.

3 VITTA, Heraldo Garcia. *A sanção no direito administrativo*. São Paulo: Malheiros, 2003. p. 58. No mesmo sentido: CAVALCANTI, Caio Mário Lana. *Comentários à Lei de Improbidade Administrativa*. Rio de Janeiro: CEEJ, 2020. p. 163 e seguintes.

4 HARGER, Marcelo. *Improbidade administrativa*: comentários à Lei nº 8.429/92. São Paulo: Atlas, 2015. v. 7. Coleção Direito Administrativo Positivo. p. 62.

aos bens jurídicos tutelados por esta Lei, a sanção limitar-se-á à aplicação de multa, sem prejuízo do ressarcimento do dano e da perda dos valores obtidos, quando for o caso, nos termos do caput deste artigo".

Em contrapartida, ainda assim, importante o Instituto Brasileiro de Direito Administrativo ter se posicionado pela aplicação do mencionado princípio, haja vista que, mesmo com as inovações legislativas, existem vozes que insistem em defender a inaplicabilidade da lógica da bagatela, sobretudo porque o art. 11, §4º, acima transcrito, está literalmente circunscrito aos atos ímprobos violadores de princípios administrativos.

Olvidam as ditas vozes contrárias, entretanto, que, mesmo que inexistentes o art. 11, §4º e o art. 12, §5º, ainda forte estaria o princípio da insignificância no bojo do instituto da improbidade administrativa, haja vista que o art. 1, §4º, da Lei nº 8.429/92, com redação dada pela Lei nº 14.230/21, adverte expressamente que "aplicam-se ao sistema da improbidade disciplinado nesta Lei os princípios constitucionais do Direito Administrativo Sancionador". E, entre esses princípios, está justamente o princípio da insignificância, sobretudo considerando que o direito administrativo sancionador e o direito penal compartilham diretrizes principiológicas e bases filosóficas, porque bebem da mesma fonte, qual seja, o direito punitivo.[5] São, pois, ramos do mesmo tronco.

Por tais razões, para a configuração do ato ímprobo, não bastam a comprovação do dolo específico e da tipicidade meramente formal, sendo imprescindível, para os fins da repressão nos moldes da Lei de Improbidade Administrativa, o aperfeiçoamento da tipicidade material, consubstanciada em uma conduta que seja minimamente ofensiva, periculosa, reprovável e expressiva.[6]

---

[5] Nesse sentido: FORTINI, Cristiana; CAVALCANTI, Caio Mário Lana. Da retroatividade benigna da Lei nº 14.230/21 enquanto uma decorrência das diretrizes do direito administrativo sancionador. *In*: DAL POZZO, Augusto Neves; OLIVEIRA, José Roberto Pimenta (Coord.). *Lei de Improbidade Administrativa reformada*. São Paulo: Revista dos Tribunais, 2022. p. 781-800.

[6] Nesse sentido, concordamos com Pedro Luiz Ferreira de Almeida: "A responsabilização pela prática de ato de improbidade administrativa constitui uma faceta do jus puniendi estatal e, portanto, está submissa aos princípios gerais que regem essa atividade, inclusive o princípio da tipicidade [...] Na improbidade administrativa, conforme exposto, é possível utilizar os conceitos de tipo formal e material, reconhecendo que há condutas que, apesar de serem formalmente típicas, aos tipos previstos na LIA ou em legislação extravagante, são insignificantes para essa esfera de responsabilização, em face de sua atipicidade material. Portanto, é possível afirmar que o princípio da insignificância é aplicável no âmbito da improbidade administrativa". Conferir: ALMEIDA, Pedro Luiz Ferreira. O princípio da insignificância na nova Lei de Improbidade Administrativa. *In*: DAL POZZO, Augusto

## III Conclusão

A Lei nº 14.230/21, conforme sabido, embora não tenha formalmente revogado a Lei nº 8.429/92, lhe conferiu nova roupagem, tendo alterado substancialmente a sistemática do instituto da improbidade administrativa. Entre as modificações legislativas perpetradas, é possível inferir que houve a positivação da aplicação do princípio da insignificância à repressão dos atos ímprobos, pelo que condizente com a legislação atual a redação do Enunciado nº 5, ora comentado, que versa que "o princípio da insignificância é aplicável aos atos de improbidade administrativa".

Todavia, sobretudo haja vista que a questão da insignificância em sede de improbidade administrativa não é pacífica – a despeito da Lei nº 14.230/21 –, ainda mais importante é o Enunciado nº 5, discutido e aprovado pelo Instituto Brasileiro de Direito Administrativo. Isso porque é nos campos jurídicos nebulosos que exsurge mais relevante a fixação de entendimentos por parte da comunidade acadêmica, ainda que meramente persuasivos, objetivando contribuir para o sempre positivo debate democrático e para a correta extração da norma jurídica do texto legal.

## Referências

ALMEIDA, Pedro Luiz Ferreira. O princípio da insignificância na nova Lei de Improbidade Administrativa. *In*: DAL POZZO, Augusto Neves; OLIVEIRA, José Roberto Pimenta (Coord.). *Lei de Improbidade Administrativa reformada*. São Paulo: Revista dos Tribunais, 2022.

CAVALCANTI, Caio Mário Lana. *Comentários à Lei de Improbidade Administrativa*. Rio de Janeiro: CEEJ, 2020.

FORTINI, Cristiana; CAVALCANTI, Caio Mário Lana. Da retroatividade benigna da Lei nº 14.230/21 enquanto uma decorrência das diretrizes do direito administrativo sancionador. *In*: DAL POZZO, Augusto Neves; OLIVEIRA, José Roberto Pimenta (Coord.). *Lei de Improbidade Administrativa reformada*. São Paulo: Revista dos Tribunais, 2022.

GARCIA, Emerson. A improbidade administrativa e sua sistematização. *Revista Jus Navigandi*, Teresina, ano 8, n. 86, 27 set. 2003. ISSN 1518-4862. Disponível em: https://jus.com.br/artigos/4284. Acesso em: 12 nov. 2023.

---

Neves; OLIVEIRA, José Roberto Pimenta (Coord.). *Lei de Improbidade Administrativa reformada*. São Paulo: Revista dos Tribunais, 2022. p. 353-354.

HARGER, Marcelo. *Improbidade administrativa*: comentários à Lei nº 8.429/92. São Paulo: Atlas, 2015. v. 7. Coleção Direito Administrativo Positivo.

VITTA, Heraldo Garcia. *A sanção no direito administrativo*. São Paulo: Malheiros, 2003.

Informação bibliográfica deste texto, conforme a NBR 6023:2018 da Associação Brasileira de Normas Técnicas (ABNT):

PIRES, Maria Fernanda Veloso; CAVALCANTI, Caio Mário Lana. Comentários ao Enunciado nº 5. *In*: FORTINI, Cristiana; GODINHO, Heloísa Helena A. M.; BASTOS JUNIOR, Luiz Magno P.; SANTOS, Rodrigo Valgas dos (Coord.). *Comentários aos Enunciados do IBDA*: mudanças na Lei de Improbidade Administrativa. Belo Horizonte: Fórum, 2024. p. 31-36. ISBN 978-65-5518-727-4.

# COMENTÁRIOS AO ENUNCIADO Nº 6

**FLÁVIO GARCIA CABRAL**

**Enunciado nº 6: O enquadramento de agentes públicos ou políticos no artigo 10 da Lei nº 8.429/92, inclusive na hipótese do inciso VIII, exige comprovação de proveito indevido e lesão efetiva ao erário, nos termos do artigo 21, inciso I, não sendo possível tipificá-la por mera presunção de dano.**

O Enunciado nº 6, aprovado na II Jornada de Direito Administrativo do Instituto Brasileiro de Direito Administrativo (IBDA), prevê:

> o enquadramento de agentes públicos ou políticos no artigo 10 da Lei nº 8.429/92, inclusive na hipótese do inciso VIII, exige comprovação de proveito indevido e lesão efetiva ao erário, nos termos do artigo 21, inciso I, não sendo possível tipificá-la por mera presunção de dano.

O referido enunciado, não por acaso, destaca principalmente (mas não exclusivamente) a hipótese do inc. VIII do art. 10, eis que a interpretação jurisprudencial conferida à redação legislativa pretérita permitia a construção de um cenário kafkiano de um dano presumido.

De fato, o texto anterior do art. 10, inc. VIII, trazia como uma das ocorrências de improbidade administrativa por dano ao erário o ato de "frustrar a licitude de processo licitatório ou de processo seletivo para celebração de parcerias com entidades sem fins lucrativos, ou dispensá-los indevidamente".

Embora pudesse parecer lógico que, se o ato de improbidade diz respeito ao dano ao erário, seria necessário que se comprovasse esse dano gerado em razão da fraude relacionada à contratação pública, encontravam-se decisões no Superior Tribunal de Justiça (STJ) sustentando a tese do dano presumido ou *in re ipsa* (*vide, e.g.*, o AgInt no REsp nº 1.737.731/SC).

Destarte, em contratações diretas (dispensa) feitas de maneira indevida, por exemplo, ainda que o contrato fosse cumprido com excelência e o serviço devidamente prestado, presumia-se que teria havido um dano ao erário.

Calha mencionar que a questão, sob a ótica da legislação anterior, foi submetida à análise do STJ pelo rito dos recursos repetitivos, ainda pendente de julgamento, configurando o Tema nº 1.096 que se encontra assim disposto: "Definir se a conduta de frustrar a licitude de processo licitatório ou dispensá-lo indevidamente configura ato de improbidade que causa dano presumido ao erário (*in re ipsa*)".

Buscando resolver o imbróglio, a nova redação legislativa, que alterou o aludido inc. VIII, reforça textualmente ao final que esse ato deve acarretar "perda patrimonial efetiva". Na mesma linha é o teor do *caput* do art. 10, que exige a efetiva e comprovada perda patrimonial, desvio, apropriação, malbaratamento ou dilapidação dos bens ou haveres das entidades referidas no art. 1º da lei.

Embora o direito lide com presunções e ficções, não se mostrava adequado trazer uma presunção para fins de punição, o que acabava por exigir, em alguma medida, que o réu apresentasse "prova negativa".

Esse cenário é reforçado pelo art. 21, inc. I, da nova lei, mencionado também no enunciado, que fixa que a aplicação das sanções previstas na lei independe da efetiva ocorrência de dano ao patrimônio público, salvo quanto à pena de ressarcimento e às condutas previstas no art. 10.

Ou seja, em mais um dispositivo o legislador da Reforma reforça que a efetiva ocorrência do dano não é necessária para fins de improbidade, salvo no que tange ao ressarcimento ao erário (questão que se mostra óbvia do ponto de vista lógico-jurídico, já que só se ressarce o que efetivamente se perdeu) e ao tipo de improbidade de dano contido no art. 10.

Quanto à exigência do proveito indevido, mencionada no enunciado sob análise, refere-se ao alcance jurídico do conceito de dolo para fins de improbidade. Cabe rememorar que o art. 10 trazia em sua redação original a possibilidade da modalidade culposa de improbidade. Essa impropriedade lógico-jurídica foi corrigida pela Lei nº 14.320, de 2021, que somente admite agora a prática dolosa de improbidade administrativa.

Apesar disso, ainda pairava, sob a égide da legislação anterior, dúvidas sobre o sentido jurídico a ser atribuído ao dolo. Havia interpretação no sentido de que o dolo ocorreria diante da mera voluntariedade do agente. Nesse sentido, inclusive, era a previsão da Súmula nº 94 do Tribunal Regional Federal da 4ª Região, quando analisava o conteúdo do art. 11: "A tipificação do ato de improbidade administrativa que atenta contra os princípios da administração pública, previsto no artigo 11 da Lei nº 8.429/92 exige apenas o dolo genérico, consistente na vontade de praticar a conduta". Essa mesma posição era confirmada no âmbito da Corte Cidadã, a exemplo do quanto decidido no AgRg nos EDcl no AREsp art. 33.898/RS.

Em nítida resposta a essa jurisprudência, a novel regulação dispõe no seu art. 1º, §1º, que "considera-se dolo a vontade livre e consciente de alcançar o resultado ilícito tipificado nos arts. 9º, 10 e 11 desta Lei, não bastando a voluntariedade do agente". Essa determinação normativa é reforçada pelo art. 11, §§1º e 2º, que prescrevem que nos termos da Convenção das Nações Unidas contra a Corrupção, promulgada pelo Decreto nº 5.687, de 31.1.2006, somente haverá improbidade administrativa (para quaisquer dos tipos trazidos na lei) quando for comprovado na conduta funcional do agente público o fim de obter proveito ou benefício indevido para si ou para outra pessoa ou entidade.

É importante perceber que, embora o referido art. 1º, §1º, ao conceituar dolo, não mencione expressamente o fim de obter proveito ou benefício indevido, ele deve ser lido conjuntamente com o mencionado art. 11, §§1º e 2º. Afinal, lembrando-se de clássica lição hermenêutica, não se pode interpretar a legislação "em tiras".

Portanto, deve-se compreender a menção à "proveito indevido", contida no enunciado em comento, como sendo a exigência de que haja o dolo (entendido não como simples voluntariedade, mas sim como uma atuação intencional do agente que visa obter proveito ou benefício indevido para si ou para outra pessoa ou entidade).

Em síntese, o Enunciado nº 6 destaca duas das principais mudanças legislativas trazidas pela Lei nº 14.320, de 2021, quais sejam, a necessidade do dano efetivo para a configuração do tipo contido no art. 10 e a exigência de dolo específico para fins de improbidade.

Um último aspecto a ser aventado, de cunho formal, refere-se à expressão "agentes públicos ou políticos" contida no enunciado, o qual somente reproduz a redundante previsão trazida pelo próprio legislador em alguns artigos.

De fato, ao se analisar o teor do art. 2º da Lei de Improbidade, consta que são agentes públicos o agente político, o servidor público e todo aquele que exerce, ainda que transitoriamente ou sem remuneração, por eleição, nomeação, designação, contratação ou qualquer outra forma de investidura ou vínculo, mandato, cargo, emprego ou função nas entidades referidas no art. 1º da lei. É dizer, agente político é uma espécie do gênero agente público, ao menos para fins de improbidade. É despiciendo mencionar agente público e político, de maneira concomitante, como se fossem categorias separadas.

No entanto, incidindo nessa repetição imprópria, o legislador trata de agentes públicos e agentes políticos conjuntamente (como se fossem duas espécies autônomas) nos arts. 12, §1º; 17-D, parágrafo único; e 23-A, todos da nova lei.

Apesar disso, fora a falha de técnica na elaboração dos enunciados normativos que trazem a redundância, não há nenhuma mácula que prejudique a interpretação do seu alcance e aplicação.

Informação bibliográfica deste texto, conforme a NBR 6023:2018 da Associação Brasileira de Normas Técnicas (ABNT):

CABRAL, Flávio Garcia. Comentários ao Enunciado nº 6. *In*: FORTINI, Cristiana; GODINHO, Heloísa Helena A. M.; BASTOS JUNIOR, Luiz Magno P.; SANTOS, Rodrigo Valgas dos (Coord.). *Comentários aos Enunciados do IBDA*: mudanças na Lei de Improbidade Administrativa. Belo Horizonte: Fórum, 2024. p. 37-40. ISBN 978-65-5518-727-4.

# COMENTÁRIOS AO ENUNCIADO Nº 7

MARCOS CÉSAR GONÇALVES DE OLIVEIRA

> **Enunciado nº 7: Nas ações de improbidade administrativa, aplica-se a regra da tipificação única, nos termos do §10-D, do art. 17 da Lei nº 8.429/92, alterada pela Lei nº 14.230/21.**

O direito administrativo sancionador (DAS) é gênero que engloba todas as espécies de sancionamentos administrativos do Poder Público; abarca, por exemplo, sanções disciplinares, ambientais, tributárias e de improbidade. Essas sanções decorrem de ilícitos administrativos, que assim como os ilícitos penais, decorrem de uma concepção unitário-ontológica de ilícito, ou seja, alguma afronta a um interesse coletivo. A base axiológica, portanto, do direito administrativo sancionador é semelhante à do direito penal, pois decorre do *ius puniendi* estatal, que é uno (NIETO GARCÍA, 2011).

Partindo dessa premissa, tem-se que as sanções administrativas se submetem às mesmas garantias e proteções do direito penal (EISELE, 2021). Entende-se, logo, que as normas de direitos fundamentais aplicáveis ao direito penal, por decorrência lógica da estrutura do direito sancionatório – penal e não penal – brasileiro, devem alcançar o sancionamento administrativo e, por consequência, as sanções decorrentes da lei de improbidade administrativa, objeto deste comentário (OSÓRIO, 2015).

Observadas essas premissas (que o *ius puniendi* estatal é uno e que as garantias aplicáveis ao direito penal devem ser aplicadas no âmbito do DAS), tem-se, então, que a Lei nº 8.429/1992, a Lei de Improbidade Administrativa (LIA), assim como as leis penais, pode, em razão da quantidade de tipos legais criados, gerar duplicidade ou multiplicidade de dispositivos legais aplicáveis a um único ato ilícito. Em situações assim o poder punitivo estatal não pode aplicar duas ou múltiplas sanções àquele único ato ímprobo praticado, sob pena de afrontar, por exemplo, o direito fundamental de *non bis in idem*.

O que se pretende neste breve comentário, então, é demonstrar e confirmar, a partir de bases constitucionais, legais e doutrinárias, o acerto e a importância deste *Enunciado nº 7*, que confirma a aplicação da regra da tipicidade única nos processos de improbidade administrativa.

Para melhor desenvolver o tema, parte-se de uma hipótese concreta. Suponha-se que um prefeito utilizou máquinas e equipamentos de propriedade do município, bem como servidores municipais, para construir uma barragem de água em sua propriedade rural. Esse fato, utilizar bens e pessoas do município para construir uma barragem de água em sua propriedade, pode, se não adotada a tese deste *Enunciado nº 7* – tipificação única – enquadrar o prefeito, simultaneamente, nos tipos legais, art. 9º, incs. IV e XII e art. 10, inc. XIII, da Lei de Improbidade Administrativa. Por consequência, o prefeito poderia ser punido dupla ou triplamente pela prática de um único ato ímprobo, conclusão claramente ilegal e inconstitucional, pois fere, entre outros direitos fundamentais, o princípio do *non bis in idem*.

Essa situação, duplicidade/multiplicidade de hipóteses legais aplicáveis a um único fato típico, é identificada pela doutrina, em especial a penal, como "concurso aparente de normas". Utiliza-se esse termo porque, de fato, aparenta-se existir mais de uma norma jurídica aplicável a um único ato, mas é apenas uma aparência, pois, na prática, não há e não pode haver esse concurso de normas, posto que o Poder Público só pode tipificar um único ato ilícito/ímprobo em um único dispositivo legal.

O caso suscitado, por exemplo, é uma hipótese que pode induzir a autoridade coatora a tipificar o prefeito, pela única conduta de utilizar bens e pessoas do município na construção de uma barreira de água em sua fazenda, nos tipos de improbidade administrativa por enriquecimento ilícito e por causar prejuízo ao Erário. Se essa fosse a interpretação correta, o prefeito seria apenado, cumulativamente, pelos incs. I e II do art. 12 da Lei de Improbidade Administrativa, ou seja, sofreria *bis in idem*, o que é vedado no direito brasileiro.

Para melhor aclarar as situações em que podem ocorrer esse concurso aparente de normas, é importante destacar que deve haver, necessariamente, a presença dos requisitos *unidade de fato* – o prefeito utilizar bens e pessoas públicos para construir uma barragem de água da propriedade particular –, *duplicidade ou pluralidade de normas aplicáveis ao fato* – enriquecimento ilícito e prejuízo ao Erário –, *vigência concomitante dessas normas aplicáveis* – os arts. 9º, IV e XII e 10, XIII da Lei nº 8.429/92 estão em vigência – e *unidade do objeto material* – só há um resultado, a construção da barragem de água. Como visto, todos os requisitos estão presentes na hipótese levantada, conduta ímproba do prefeito.

Constata-se, então, que o exemplo posto atende a todos os requisitos da hipótese de concurso aparente de leis, enquadrando-se, portanto, na hipótese descrita neste *Enunciado nº 7*, que determina à autoridade coatora apresentar uma tipificação única para a situação fática descrita, sob pena de implicar dupla punição a uma única conduta, o que é vedado (SANTOS, 2022).

Chega-se, então, à primeira conclusão, a de que é possível existir concurso aparente de normas na Lei de Improbidade Administrativa. Essa conclusão leva, por consequência, a outra indagação: qual dispositivo legal aplicar quando ocorrer esse concurso aparente de leis? A resposta impõe a análise dos princípios que orientam a hipótese de concurso aparente de leis, que são: especialidade, consunção, alternatividade e subsidiariedade.

Utiliza-se o *princípio da especialidade* para definir a tipificação quando há uma norma geral e uma norma específica aplicável ao caso concreto. Nessa situação, aplica-se a norma específica. Esse princípio deve ser utilizado para avaliar qual inciso se aplica ao caso hipotético, se o IV ou o XII do art. 9º (EISELE, 2021).

O segundo princípio, *princípio da consunção, ou da absorção*, é aplicado quando uma norma engloba outra. No presente exemplo, é possível falar em consunção na medida em que as penalidades do inc. I do art. 12, aplicável aos casos de enriquecimento ilícito (art. 9º), englobam as do inc. II desse mesmo artigo, aplicável aos casos de prejuízo ao Erário (art. 10). A princípio, portanto, o art. 9º engloba o art. 10.

Há também o *princípio da alternatividade*, que é utilizado quando o núcleo da tipificação possui vários verbos, por exemplo, quando há hipóteses de "permitir", "facilitar" ou "concorrer", sendo que quaisquer delas podem ser aplicadas. Em situações assim, a regra é optar por aquela hipótese que possui a melhor otimização probatória. Esse princípio, a nosso ver, não se aplica ao caso hipotético (EISELE, 2021).

Por fim, há o *princípio da subsidiariedade*, que é aplicável quando um tipo possui uma descrição mais abrangente sobre bem público tutelado e outra menos ampla. Nessa situação, o ato ilícito não feriria o bem público objeto de proteção pela norma mais abrangente, o que enseja a aplicação da tipificação da hipótese de menos gravosa. Em verdade, é o inverso do princípio da consunção. Também não se aplica ao caso hipotético desenvolvido (EISELE, 2021).

Dessa análise, tem-se que, na hipótese levantada, o poder punitivo estatal deve utilizar os princípios da especialidade e da consunção para definir uma tipificação única ao prefeito, que praticou uma conduta ímproba única – utilizar bens e pessoas da Administração Pública para construir uma barragem de água em sua propriedade rural –, que, *a priori*, seria tipificado nos incs. IV e XII do art. 9º e inc. XIII do art. 10, mas em razão dessa teoria, teoria da tipificação única, passa a ser tipificado apenas no inc. IV do art. 9º da Lei de Improbidade Administrativa (LIA).

Conclui-se, portanto, que o DAS e o direito penal nascem de um núcleo sancionatório único, realidade que conduz à simbiose das teorias, princípios e fundamentos, inclusive do *non bis in idem*. Nesse sentido, a teoria do concurso aparente de normas, com seus requisitos e princípios, deve ser aplicada no direito administrativo sancionador para que se estabeleça uma tipificação única a todas as hipóteses em que se constata a duplicidade ou a multiplicidade de normas jurídicas aplicáveis a um único fato típico, ou seja, deve ser seguido este *Enunciado nº 7*.

## Referências

EISELE, Andreas. *Direito penal*: teoria do direito. 2. ed. rev., atual. e ampl. Salvador: JusPodivm, 2021.

NIETO GARCÍA, Alejandro. *Derecho administrativo sancionador*. 5. ed. refor. Madrid: Tecnos, 2012.

OSÓRIO, Fábio Medina. *Direito administrativo sancionador*. 5. ed. São Paulo: Editora dos Tribunais, 2015.

SANTOS, Rodrigo Valgas dos. *Direito administrativo do medo*: risco e fuga da responsabilização dos agentes públicos. 2. ed. São Paulo: Thomson Reuters – Revista dos Tribunais, 2022.

Informação bibliográfica deste texto, conforme a NBR 6023:2018 da Associação Brasileira de Normas Técnicas (ABNT):

OLIVEIRA, Marcos César Gonçalves de. Comentários ao Enunciado nº 7. *In*: FORTINI, Cristiana; GODINHO, Heloísa Helena A. M.; BASTOS JUNIOR, Luiz Magno P.; SANTOS, Rodrigo Valgas dos (Coord.). *Comentários aos Enunciados do IBDA*: mudanças na Lei de Improbidade Administrativa. Belo Horizonte: Fórum, 2024. p. 41-44. ISBN 978-65-5518-727-4.

# COMENTÁRIOS AO ENUNCIADO Nº 8

**SARAH CAMPOS**
**ANTÔNIO RODRIGO MACHADO**

**Enunciado nº 8: O julgamento de agente político pelo ato de improbidade administrativa, previsto na Lei nº 8.429/1992, não impede sua responsabilização por crime de responsabilidade e não configura *bis in idem*, com exceção da hipótese prevista no artigo 85, inciso V, da Constituição da República, em relação aos atos do Presidente da República, conforme decidido pelo STF no Tema 576.**

O enunciado aprovado aborda a questão do duplo sancionamento de agentes políticos e sua constitucionalidade. O mesmo conjunto fático pode resultar na tramitação de processos sancionadores para o julgamento de ato de improbidade e crime de responsabilidade. Em 2007, nos autos da Reclamação nº 2.138, o Supremo Tribunal Federal já havia decidido que aos ministros de Estado se aplica a Lei de Crimes de Responsabilidade, Lei nº 1.079/1950, mas em 2018 o STF decidiu que "os agentes políticos, com exceção do Presidente da República, encontram-se sujeitos a um duplo regime sancionatório".

Por meio do julgamento do Recurso Extraordinário (RExt) nº 976.566/PA, *leading case* do Tema nº 576,[1] o Supremo Tribunal Federal (STF) fixou, em 13.9.2019, a tese de que o processamento de prefeito municipal pelos crimes de responsabilidade previstos no art. 1º do Decreto-Lei (DL) nº 261/1967 não impede a sua responsabilização pelos atos de improbidade administrativa a que se referem os arts. 9º, 10 e 11 da Lei Nacional nº 8.429/1992 (LIA).

---

1 "Tema 576. Processamento e julgamento de prefeitos, por atos de improbidade administrativa, com base na Lei nº 8.429/1992. Relator(a): min. Alexandre de Moraes. *Leading Case*: RE 976566. Descrição: Recurso extraordinário com agravo em que se discute, à luz dos incisos II e XXXV do art. 5º da Constituição Federal, a possibilidade, ou não, de processamento e julgamento de prefeitos, por atos de improbidade administrativa, com base na Lei 8.429/92. Tese: O processo e julgamento de prefeito municipal por crime de responsabilidade (Decreto-lei 201/67) não impede sua responsabilização por atos de improbidade administrativa previstos na Lei 8.429/1992, em virtude da autonomia das instâncias".

Na origem, o caso refere-se à ação civil pública de improbidade administrativa, movida pelo Ministério Público Federal (MPF), que foi julgada procedente pelas instâncias ordinárias, para condenar o ex-prefeito do Município de Eldorado dos Carajás/PA, aos ilícitos previstos nos arts. 9º, incs. X e XI; 10, incs. I e IX; e 11, inc. I, da LIA, atraindo, dessa forma, as sanções previstas no art. 12, incs. I, II e III[2] da citada norma.

Irresignado, o ex-prefeito interpôs RExt contra a decisão, com fundamento nos arts. 102, inc. III, alínea "a", e 5º, inc. II, XXXV e LIV, da Constituição da República de 1988 (CRFB), alegando, em síntese, que a responsabilização de agentes políticos municipais por meio da LIA viola o princípio do *bis in idem*, à medida que, por força do princípio da especialidade, prefeitos e vereadores se sujeitam ao regime de responsabilização *penal* e *político-administrativa* do DL nº 201/1967.

Segundo as razões de decidir do Tema nº 576, o art. 37, §4º, da CRFB/1988 dispõe de pretensão moralizante, submetendo o agente público à penalização mais severa, capaz de reverberar, simultaneamente, nas instâncias civil, penal e administrativa, conforme o princípio da independência das instâncias. Assim, partindo do entendimento de que os atos de improbidade possuem natureza *civil*, a responsabilização do ex-prefeito perante a LIA não ultrapassa o limite punitivo do Estado.

Para chegar a essa conclusão, o voto vencedor afastou a aplicação ao caso do precedente firmado no julgamento da Reclamação (Rcl) nº 2.138/DF, segundo o qual, em virtude do princípio da especialidade, as autoridades listadas no art. 102, inc. I, alínea "c", da CRFB/1988 devem ser responsabilizadas exclusivamente nos termos da Lei Federal nº 1.079/1950 quando cometem atos de improbidade, sob pena de violação ao princípio do *bis in idem*.[3]

---

[2] Nesse caso, o ex-prefeito do Município de Eldorado dos Carajás/PA acabou sendo condenado à restituição de R$11.108,70 (onze mil, cento e oito reais e setenta centavos) ao Fundo de Manutenção e Desenvolvimento do Ensino Fundamental e de Valorização do Magistério (Fundef); à multa no valor de R$30.000,00 (trinta mil reais); à suspensão dos direitos políticos por cinco anos; e à proibição de contratar com o poder público por seis anos (BRASIL. Supremo Tribunal Federal. Recurso Extraordinário n. 976.566/PA, Plenário, Min. Rel. Alexandre de Moraes, julgamento em 13.09.2019. *DJe*, 26 set. 2019).

[3] "O sistema constitucional brasileiro distingue o regime de responsabilidade dos agentes políticos dos demais agentes públicos. A Constituição não admite a concorrência entre dois regimes de responsabilidade político-administrativa para os agentes políticos: o previsto no art. 37, §4º (regulado pela Lei nº 8.429/1992) e o regime fixado no art. 102, I, c, (disciplinado pela Lei nº 1.079/1950). Se a competência para processar e julgar a ação de improbidade (CRFB, art. 37, §4º) pudesse abranger também atos praticados pelos agentes políticos, submetidos a regime de responsabilidade especial, ter-se-ia uma interpretação ab-rogante do disposto

Contribuindo com o debate, o Enunciado nº 8 da II Jornada do Instituto Brasileiro de Direito Administrativo (IBDA), ao tratar da temática, estabelece que, à exceção da hipótese prevista no art. 85, inc. V, da CRFB/88, a responsabilização de agente político – e não somente de prefeito municipal – por ato de improbidade administrativa não impede a sua responsabilização por crime de responsabilidade.

O art. 85, inc. V, da CRFB/1988 consagra atos de improbidade administrativa cometidos pelo Presidente da República como crimes de responsabilidade, sujeitando o chefe do Poder Executivo federal ao rito previsto na Lei Federal nº 1.079/1950. Nesse sentido, ao se alinhar, ainda que indiretamente, também às razões de decidir do precedente firmado no julgamento da Reclamação (Rcl) nº 2.138/DF, o Enunciado nº 8 faz alusão a uma controvérsia que, no Brasil, se arrasta desde a Proclamação da República:[4] a natureza jurídica dos crimes de responsabilidade.

Há quem defenda que são de natureza política;[5] outros, penal;[6] mais recentemente, político-administrativa;[7] ou, ainda, constitucional.[8] A verdade é que esse debate tem se tornado cada vez mais acalorado – sobretudo após a deposição de Dilma Rousseff (2016) e o

---

no art. 102, I, c, da Constituição" (BRASIL. Supremo Tribunal Federal. Reclamação n. 2.138/DF, Plenário, Min. Rel. Nelson Jobim, julgamento em 13.06.2007. *DJ*, 18 abr. 2008).

4 QUEIROZ, Rafael Mafei Rabelo. *Como remover um presidente*: teoria, história e prática do impeachment no Brasil. 1. ed. Rio de Janeiro: Zahar, 2021. 378 p. ISBN 978-65-5979-017-3.

5 BROSSARD, Paulo. *O impeachment*: aspectos da responsabilidade política do presidente da República. 3. ed. ampl. São Paulo: Saraiva, 2012.

6 MIRANDA, Francisco Cavalcanti Pontes de. *Comentários à Constituição de 1967 (com a Emenda n. 1 de 1969)*. São Paulo: Revista dos Tribunais, 1970. BAHIA, Alexandre; SILVA, Diogo Bacha; OLIVEIRA, Marcelo Cattoni de. *O impeachment e o Supremo Tribunal Federal*: história e teoria constitucional brasileira. 2. ed. Florianópolis: Empório do Direito, 2017. NEVES, Marcelo. *Parecer*. 2015. Disponível em: https://cloudup.com/ig-cUkufb7N. Acesso em: 15 nov. 2023. MEGALI NETO, A. A natureza jurídica dos crimes de responsabilidade presidencial no direito brasileiro: uma resposta a Rafael Mafei Rabelo Queiroz. *Revista de Ciências do Estado*, Belo Horizonte, v. 7, n. 1, p. 1-27, 2022. Disponível em: https://periodicos.ufmg.br/index.php/revice/article/view/e38615. Acesso em: 15 nov. 2023.

7 QUEIROZ, Rafael Mafei Rabelo. A natureza jurídica dos crimes de responsabilidade presidencial no direito brasileiro: lições a partir do impeachment de Dilma Rousseff. *Revista Eletrônica de Direito Público (e-Pública)*, Lisboa, v. 4, n. 2, nov. 2017. QUEIROZ, Rafael Mafei Rabelo. *Como remover um presidente*: teoria, história e prática do impeachment no Brasil. 1. ed. Rio de Janeiro: Zahar, 2021. 378 p. ISBN 978-65-5979-017-3.

8 PAULINO, Lucas Azevedo. *Presidencialismo democrático, crise política e as circunstâncias do impeachment*. Orientadora: Profa. Dra. Misabel de Abreu Machado Derzi. 2021. 328 p. Tese (Doutoramento em Direito) – Programa de Pós-Graduação em Direito (PPGD) da Universidade Federal de Minas Gerais, 2021. Disponível em: https://repositorio.ufmg.br/bitstream/1843/47413/3/Tese%20-%20Lucas%20Azevedo%20Paulino%20-%20corrigida%20para%20depósito.pdf.

"engavetamento" dos pedidos de *impeachment* apresentados em desfavor de Bolsonaro[9] (2019–2022) –, não havendo, até então, qualquer indício de consenso.

Contribuindo com esse desafio hermenêutico, o STF entendeu, no julgamento da Petição nº 1.954-7/DF,[10] que, embora os crimes de responsabilidade cometidos pelas autoridades listadas no art. 102, inc. I, alínea "c", da CRFB/1988,[11] disponham de natureza político-administrativa, devem ser processados mediante ação penal pública, cujo *dominus litis* pertence exclusivamente ao MPF, na figura do Procurador-Geral da República (PGR).

Com base nas orientações vigentes sobre a matéria ora tratada – especificamente a Petição nº 1.954-7/DF, a Rcl nº 2.138/DF, o Tema nº 576 e o Enunciado nº 8 –, observa-se que a natureza jurídica do ato de improbidade e do crime de responsabilidade transmuta a depender do agente político que o pratica: a) para o presidente da República, o ato de improbidade implica crime de responsabilidade de natureza controversa,[12] estando sujeito ao rito do *impeachment* previsto na Lei nº 1.079/1950; b) para as autoridades listadas no art. 102, inc. I, alínea "c", da CRFB/1988, o ato de improbidade configura crime de responsabilidade de natureza político-administrativa, estando sujeito à ação penal pública de competência originária do STF; e c) para o prefeito, o ato de improbidade adquire natureza civil, estando sujeito à LIA, sem prejuízo de ser considerado também crime de responsabilidade de natureza penal e infração político-administrativa nos termos do DL nº 261/1967; e d) para os demais agentes políticos, o ato de improbidade também adquire natureza civil, estando sujeito à LIA, sem prejuízo de responsabilização penal e administrativa a depender da legislação aplicável.

A despeito da compreensão alcançada com o Enunciado nº 8 da II Jornada do IBDA, o desafio teórico que intitula esta breve reflexão

---

[9] QUEIROZ, Rafael Mafei Rabelo; SILVA, Virgílio Afonso da. Controlando o tempo do impeachment: Presidente da Câmara pensa que pode, mas não tem poder de ignorar acusações contra o presidente da República por prazo a perder de vista. *Piauí*, 20 jul. 2021. Disponível em: https://piaui.folha.uol.com.br/controlando-o-tempo-do-impeachment/. Acesso em: 15 nov. 2023.

[10] BRASIL. Supremo Tribunal Federal. Petição n. 1.954-7/DF, Plenário, Rel. Min. Maurício Corrêa, julgamento em 11.09.2002. *DJ*, p. 6376-6377, 1º ago. 2002.

[11] Os ministros de Estado, os comandantes da Marinha, do Exército e da Aeronáutica, os membros dos Tribunais Superiores, os do Tribunal de Contas da União e os chefes de missão diplomática de caráter permanente.

[12] Cf. referências citadas nas notas de rodapé 4 a 8.

permanece vigente, sobretudo em razão da ausência de consenso sobre a natureza jurídica do ato de improbidade e do crime de responsabilidade, compelindo pesquisadores em direito administrativo e constitucional a buscarem meios para amenizar a insegurança jurídica que ainda paira sobre a responsabilização de agentes políticos por atos de improbidade administrativa.

## Referências

BAHIA, Alexandre; SILVA, Diogo Bacha; OLIVEIRA, Marcelo Cattoni de. *O impeachment e o Supremo Tribunal Federal*: história e teoria constitucional brasileira. 2. ed. Florianópolis: Empório do Direito, 2017.

BRASIL. Supremo Tribunal Federal. Petição n. 1.954-7/DF, Plenário, Rel. Min. Maurício Corrêa, julgamento em 11.09.2002. *DJ*, p. 6376-6377, 1º ago. 2002.

BRASIL. Supremo Tribunal Federal. Reclamação n. 2.138/DF, Plenário, Min. Rel. Nelson Jobim, julgamento em 13.06.2007. *DJ*, 18 abr. 2008.

BRASIL. Supremo Tribunal Federal. Recurso Extraordinário n. 976.566/PA, Plenário, Min. Rel. Alexandre de Moraes, julgamento em 13.09.2019. *DJe*, 26 set. 2019.

BROSSARD, Paulo. *O impeachment*: aspectos da responsabilidade política do presidente da República. 3. ed. ampl. São Paulo: Saraiva, 2012.

MEGALI NETO, A. A natureza jurídica dos crimes de responsabilidade presidencial no direito brasileiro: uma resposta a Rafael Mafei Rabelo Queiroz. *Revista de Ciências do Estado*, Belo Horizonte, v. 7, n. 1, p. 1-27, 2022. Disponível em: https://periodicos.ufmg.br/index.php/revice/article/view/e38615. Acesso em: 15 nov. 2023.

MIRANDA, Francisco Cavalcanti Pontes de. *Comentários à Constituição de 1967 (com a Emenda n. 1 de 1969)*. São Paulo: Revista dos Tribunais, 1970.

NEVES, Marcelo. *Parecer*. 2015. Disponível em: https://cloudup.com/ig-cUkufb7N. Acesso em: 15 nov. 2023.

PAULINO, Lucas Azevedo. *Presidencialismo democrático, crise política e as circunstâncias do impeachment*. Orientadora: Profa. Dra. Misabel de Abreu Machado Derzi. 2021. 328 p. Tese (Doutoramento em Direito) – Programa de Pós-Graduação em Direito (PPGD) da Universidade Federal de Minas Gerais, 2021. Disponível em: https://repositorio.ufmg.br/bitstream/1843/47413/3/Tese%20-%20Lucas%20Azevedo%20Paulino%20-%20corrigida%20para%20depósito.pdf.

QUEIROZ, Rafael Mafei Rabelo. A natureza jurídica dos crimes de responsabilidade presidencial no direito brasileiro: lições a partir do impeachment de Dilma Rousseff. *Revista Eletrônica de Direito Público (e-Pública)*, Lisboa, v. 4, n. 2, nov. 2017.

QUEIROZ, Rafael Mafei Rabelo. *Como remover um presidente*: teoria, história e prática do impeachment no Brasil. 1. ed. Rio de Janeiro: Zahar, 2021. 378 p. ISBN 978-65-5979-017-3.

QUEIROZ, Rafael Mafei Rabelo; SILVA, Virgílio Afonso da. Controlando o tempo do impeachment: Presidente da Câmara pensa que pode, mas não tem poder de ignorar acusações contra o presidente da República por prazo a perder de vista. *Piauí*, 20 jul. 2021. Disponível em: https://piaui.folha.uol.com.br/controlando-o-tempo-do-impeachment/. Acesso em: 15 nov. 2023.

Informação bibliográfica deste texto, conforme a NBR 6023:2018 da Associação Brasileira de Normas Técnicas (ABNT):

CAMPOS, Sarah; MACHADO, Antônio Rodrigo. Comentários ao Enunciado nº 8. *In*: FORTINI, Cristiana; GODINHO, Heloísa Helena A. M.; BASTOS JUNIOR, Luiz Magno P.; SANTOS, Rodrigo Valgas dos (Coord.). *Comentários aos Enunciados do IBDA*: mudanças na Lei de Improbidade Administrativa. Belo Horizonte: Fórum, 2024. p. 45-50. ISBN 978-65-5518-727-4.

# COMENTÁRIOS AO ENUNCIADO Nº 9

**DANIEL DE CARVALHO GUIMARÃES**

> **Enunciado nº 9: A limitação da dupla punição pelo mesmo fato (*ne bis in idem*) aplica-se à improbidade administrativa, na forma da expressa disposição do art. 21, §5º, e por estar dentre os princípios constitucionais do direito administrativo sancionador, na forma do art. 1º, §4º, da Lei nº 8.429/1992, ambos com redação dada pela Lei nº 14.230/2021.**

Segundo o enunciado, não é possível a dupla punição do mesmo fato por improbidade administrativa, pois o *ne bis in idem* seria princípio constitucional do direito administrativo sancionador aplicável à tutela da probidade administrativa e porque o legislador previu que as sanções da lei poderiam ser reduzidas por compensação com sanções aplicadas em outras esferas.

A intenção foi destacar a regra do art. 21, §5º, da técnica do desconto na sanção de improbidade administrativa sempre que os mesmos fatos tenham sido apreciados em outras esferas, como penal, civil ou administrativa, com aplicação de sanções compensáveis. O entendimento foi influenciado pela cláusula geral prevista no art. 22, §3º, da LINDB, segundo o qual as sanções aplicadas ao agente deverão ser consideradas na dosimetria das demais sanções de mesma natureza e relativas ao mesmo fato.

Assim, na dosimetria das sanções por improbidade, o julgador considerará as sanções aplicadas em outras esferas e efetuará a compensação quando houver identidade de natureza entre elas, por exemplo, sanções pecuniárias ou restritivas de direitos (como suspensão de direitos políticos, proibição de contratar com o poder público, proibição de receber benefícios ou incentivos fiscais ou creditícios).

A expressão "sanções eventualmente aplicadas" deve ser compreendida como sanções fixadas em normas concretas, como atos judiciais ou administrativos, ainda que não definitivos. O legislador da improbidade diferencia sanções aplicadas de sanções executadas. A execução somente pode ocorrer após o trânsito em julgado, de acordo com o art. 12, §9º. Assim, a aplicação deve ser entendida como o ato do julgador de imposição da sanção em razão do enquadramento de determinada conduta como ilícita.

O enunciado partiu da premissa de que a referência do *ne bis in idem* é um princípio constitucional do direito administrativo sancionador, expressão prevista no art. 1º, §4º da LIA. Como sabido, há controvérsia sobre quais sejam os princípios de direito administrativo sancionador na Constituição.

Igualmente se deve compatibilizar o tema do *ne bis in idem* em matéria de improbidade administrativa com o art. 37, §4º da Constituição, que expressamente estabelece a convivência entre as esferas penal e de improbidade administrativa, permitindo que um agente, público ou privado, possa sofrer processo e sanções diversos por um mesmo fato.

O art. 12 fixou a regra geral de aplicação de sanções específicas por improbidade, independentemente das sanções penais comuns e de responsabilidade, civis e administrativas. O legislador parte da premissa de que é possível um mesmo fato gerar, ao agente, sanções de natureza penal, civil, administrativa e de improbidade.

A nova lei estabelece que a improbidade é um ilícito qualificado que pode ser praticado por pessoa física ou jurídica, conforme o art. 3º, §1º. O dispositivo pressupõe a possibilidade de pessoa jurídica praticar improbidade e exclui em regra a responsabilidade dos sócios, os cotistas, os diretores e os colaboradores. A exceção ocorrerá se houver participação e benefícios diretos a esses agentes.

No art. 3º, §2º da LIA, restou excluída a aplicação das sanções por improbidade à pessoa jurídica, caso a conduta seja também sancionada como ato lesivo à Administração Pública de que trata a Lei nº 12.846/2013. Esse comando prevê uma escolha do legislador pela aplicação da lei anticorrupção em detrimento da lei de improbidade quando a conduta imputada se enquadrar como ato lesivo à Administração Pública, nacional ou estrangeira, e for sancionada. Essa regra será aplicada na análise inicial da ação de improbidade ou no seu julgamento, a depender de quando for demonstrado que os mesmos fatos foram objeto de ação de responsabilidade nos termos da Lei nº 12.846/2013 e que houve sanção. O *ne bis in idem* nesse caso se aplica em sua forma processual, não permitindo duplo processamento.

O art. 3º, §2º da Lei nº 8.429/1992 deve ser analisado em cotejo com o art. 30, I, da Lei nº 12.846/2013, segundo o qual a aplicação das sanções não afeta os processos de responsabilização nem a aplicação de penalidades por ato de improbidade administrativa. Atualmente, com a nova lei de improbidade, a aplicação de sanção por ato lesivo à Administração Pública a uma pessoa jurídica afasta a possibilidade de sanção por improbidade pelos mesmos fatos.

Além disso, a lei de improbidade no art. 12, §7º reforçou a impossibilidade de duplo processamento e sancionamento de pessoas jurídicas. Com expressa referência ao princípio constitucional do *non bis in idem*, estabeleceu que não pode haver aplicação de sanções pelos mesmos fatos quando se enquadrarem como atos de improbidade (Lei nº 8.429/1992) e atos lesivos à Administração Pública (Lei nº 12.846/2013). É uma via de mão dupla, que afeta o processo e a sanção previstos nas duas leis. A regra impõe ao sistema de responsabilidade uma coordenação institucional para evitar o duplo processamento de pessoas jurídicas pelos mesmos fatos.

Por fim, uma provocação. No novo modelo, o legislador exigiu que o autor indicasse apenas um tipo legal para cada ato de improbidade (art. 17, §10-D) e impôs ao magistrado o dever de analisar os fatos de acordo com as tipificações contidas na inicial, sem possibilidade de recapitulação, sob pena de nulidade da decisão (art. 17, §§10-C e 10-F). Se, ao longo do processo, houver a percepção de que o ato imputado deveria ter sido enquadrado em outro tipo, não há possibilidade de alteração, devendo o juiz decidir a demanda pela absolvição do réu.

Nessa hipótese, seria possível ao autor ou outro legitimado ajuizar nova demanda sobre os mesmos fatos com outro enquadramento, se ainda houver prazo? A coisa julgada produzida alcançaria a possibilidade de enquadramento do fato em outro tipo de improbidade? Incidiria no caso a proibição de duplo processamento pelos mesmos fatos?

O art. 508 do CPC estabelece que a coisa julgada imporá às partes o ônus de não poder discutir em nova demanda alegações e defesas não deduzidas. Porém, a lei de improbidade traz regras processuais diversas. No art. 17, §10-D, a lei impõe ao autor que indique apenas um tipo para cada ato de improbidade. Já o §10-C impede o juiz de modificar, ao longo do processo, o fato principal narrado na inicial e a capitulação legal dada pelo autor. Por fim, o §10-F determina a nulidade da sentença que condenar o réu por tipo diverso daquele definido na petição inicial.

A lei de improbidade impõe limitações de alegações no processo ao autor e de decisão ao juiz, devendo as imputações serem mantidas tal como contidas na inicial até o final do processo. Nem o processo penal impõe essa limitação processual severa, considerando os arts. 383 e 384 do CPP, que permitem que o autor faça o aditamento da denúncia e que o magistrado enquadre os fatos narrados em outro tipo penal.

Considerando que a lei proíbe que o autor modifique a tipificação única dada a cada fato na inicial e que o julgador condene o réu por tipo de improbidade diverso daquele da inicial, seria possível haver uma nova demanda pelos legitimados sobre o mesmo fato, com nova capitulação jurídica? O art. 508 do CPC não se aplicaria à ação de improbidade?

O tema é controverso, mas, segundo a atual redação da LIA, os ônus para o autor da demanda ficaram bem mais rigorosos que os existentes no próprio processo penal.

No entanto, o legislador fez a escolha por um sistema de garantias processuais mais amplo em matéria de improbidade, e sua interpretação a *contrario sensu* não pode redundar na violação de um direito reconhecido ao cidadão nas demais esferas, de não poder ser processado por um mesmo fato após ser absolvido definitivamente, como estabelecido na Convenção Interamericana de Direitos Humanos, o Pacto de San Jose da Costa Rica, em seu art. 8º, item 4 ("O acusado absolvido por sentença transitada em julgado não poderá ser submetido a novo processo pelos mesmos fatos"). Logo, em mais esse ponto há a incidência do *ne bis in idem*, no sistema jurídico da improbidade administrativa.

Informação bibliográfica deste texto, conforme a NBR 6023:2018 da Associação Brasileira de Normas Técnicas (ABNT):

GUIMARÃES, Daniel de Carvalho. Comentários ao Enunciado nº 9. *In*: FORTINI, Cristiana; GODINHO, Heloísa Helena A. M.; BASTOS JUNIOR, Luiz Magno P.; SANTOS, Rodrigo Valgas dos (Coord.). *Comentários aos Enunciados do IBDA*: mudanças na Lei de Improbidade Administrativa. Belo Horizonte: Fórum, 2024. p. 51-54. ISBN 978-65-5518-727-4.

# COMENTÁRIOS AO ENUNCIADO Nº 10

**RENATA FABRIS PINTO GURJÃO**
**DAIESSE QUÊNIA JAALA SANTOS BOMFIM**
**FELIPE GURJÃO SILVEIRA**

**Enunciado nº 10: Aplica-se o princípio da individualização das condutas nos casos de improbidade administrativa, inclusive quando houver corréus.**

Os ditames para o efetivo e pleno exercício da ampla defesa e do contraditório perpassam pela necessária individualização da conduta, sobretudo naquilo que se relaciona à procedibilidade das ações afetas ao direito administrativo sancionador. Nesse contexto, importa destacar que a antiga redação da Lei nº 8.429/1992, que dispõe sobre as sanções aplicáveis em virtude da prática de atos de improbidade administrativa, não trazia qualquer disposição expressa sobre o tema.

Em que pese não se tratar de nada recente em nosso ordenamento pátrio, não é demais lembrar que a ampla defesa e o contraditório integram o rol de garantias fundamentais de qualquer cidadão, inclusive, dos que estiverem no polo passivo de ação judicial pela suposta prática de ato de improbidade administrativa. Outrossim, essas garantias foram reconhecidas pela Organização das Nações Unidas (ONU), na Declaração Internacional dos Direitos Humanos, bem como no Pacto de San José da Costa Rica, instrumentos dos quais o Brasil é país signatário em sua integralidade.

Mesmo diante desse arcabouço jurídico, não era incomum se deparar com iniciais genéricas, sem a necessária individualização da conduta, bem como desprovida de conjunto probatório que demonstrasse a efetiva incidência das hipóteses de improbidade administrativa e de sua autoria.

Com efeito, não eram raras as vezes em que as atribuições de conduta ocorriam ao arrepio do devido processo administrativo sancionador, principalmente, em ações com elevado número de réus, nas quais se imputava, genericamente, o verbo referente ao suposto ato ímprobo, sem que fosse demonstrada a correlação adequada, para cada um dos denunciados, entre a conduta, o nexo causal e o resultado danoso, tudo isso na contramão do que se deve esperar de um Estado democrático de direito.

Nesse passo, vê-se que a referida lei sofreu grande impacto quanto ao tema da individualização da conduta por meio da Lei nº 14.230, de 25.10.2021, com a inclusão do inc. I, ao §6º do art. 17, que, por sua vez, tiveram as suas redações alteradas por esta, o que vai ao encontro do reconhecimento das garantias fundamentais pela ONU, bem como pelo Pacto de San José da Costa Rica, consoante outrora mencionado.

Dessa forma, passa, então, a Lei de Improbidade Administrativa a exigir, como pressuposto necessário à procedibilidade de ação dessa natureza, que conste na petição inicial a individualização da conduta do réu e a identificação dos elementos probatórios mínimos que demonstrem a ocorrência da conduta enquadrada como ato ímprobo, os quais se encontram tipificados no rol dos arts. 9º, 10 e 11 da Lei nº 8.429/1992.

Além disso, a petição inicial, que tem aplicação subsidiária do art. 319 do Código de Processo Civil, deverá indicar a autoria, fazendo-se constar a qualificação das partes, com a indicação dos nomes, prenomes, o estado civil, a existência de união estável, a profissão, o número de inscrição no CPF e/ou CNPJ, endereço eletrônico, domicílio e a residência do autor e do réu.

Tais elementos identificadores se prestam a duas funções principais: permitir a citação do réu e a individualização dos sujeitos processuais.

Ademais, a ação deverá ser instruída com documentos ou justificação que contenham indícios suficientes da veracidade dos fatos e do dolo imputado (inc. II, §6º, art. 17, da LIA), tendo em vista possibilitar às partes o efetivo exercício da ampla defesa e do contraditório. De fato, com o estabelecimento dos pressupostos processuais pela nova lei, a qual estabelece a obrigatoriedade da exposição minuciosa dos fatos e individualização da conduta, reafirma-se o direito do réu de saber por que está sendo demandado e por quais motivos integra o polo passivo da ação, bem como qual o fundamento da atribuição da sua responsabilidade.

Tudo isso visa afastar, de uma vez por todas, a vedada responsabilização objetiva, enunciada logo em seu primeiro artigo, ao estabelecer que o ato de improbidade administrativa exige a comprovação da responsabilidade subjetiva dolosa (§1º, art. 1º, da LIA).

Nesse ponto, observa-se que, ao incluir o §2º no art. 1º da LIA, quis o legislador fixar o alcance do dolo na caracterização das infrações legais, estabelecendo que "considera-se dolo a vontade livre e consciente de alcançar o resultado ilícito tipificado nos arts. 9º, 10 e 11 desta Lei, não bastando a voluntariedade do agente", o que aparece ratificado no §3º ao prever que "o mero exercício da função ou desempenho de competências públicas, sem comprovação de ato doloso com fim ilícito, afasta a responsabilidade por ato de improbidade administrativa".

Entre as modificações inseridas, observa-se a exclusão da previsão da responsabilização dos agentes públicos e de terceiros na modalidade culposa, prevista originariamente para as condutas tipificadas pelo art. 10, referentes aos atos ímprobos causadores de lesão ao erário, cujo elemento subjetivo poderia ser o dolo ou a culpa grave.

Em que pese a remoção do elemento subjetivo da culpa em atos de improbidade administrativa, parte da doutrina defende que a responsabilização por esta modalidade seria inconstitucional, pois estaria o art. 10, *caput*, da LIA a extrapolar os termos do §4º, do art. 37 da Constituição Federal, argumentando que condutas culposas devem ser apuradas por meio de outros instrumentos jurídicos e não como ato ímprobo.

Enquanto outra parte da doutrina e operadores do direito defendem a previsibilidade da modalidade culposa, previsto como ato ímprobo e passível de aplicação de sanções, em havendo violação ao dever de cautela por parte do agente público e do terceiro, sobretudo naqueles casos em que há uma cegueira deliberada com relação aos atos administrativos, sendo necessário, entretanto, analisar se existe na hipótese alguma causa excludente de ilicitude hábil a afastar a antijuridicidade da conduta, assim como ocorre para os tipos dolosos.

Cumpre ressaltar que, consoante estabelecido no art. 28 da Lei de Introdução às Normas de Direito Brasileiro, "o agente público responderá pessoalmente por suas decisões ou opiniões técnicas em caso de dolo ou erro grosseiro", ou seja, para a aplicação da sanção, deve haver a comprovação da presença do elemento subjetivo mínimo exigido pela lei (culpa grave ou erro grosseiro).

De tudo quanto exposto acima, tem-se que a concretização da garantia ao contraditório e à ampla defesa deverá ser instrumentalizada por meio do conhecimento aos potenciais responsáveis de todos os elementos que consubstanciam o processo e a eventual responsabilização.

Além disso, é pessoal e direta a responsabilidade de quem praticou o ato. Desse modo, são necessárias a realização da individualização da conduta e a evidenciação do nexo causal entre a conduta de cada agente e o resultado.

Com efeito, a individualização da conduta pode conduzir, inclusive, à não punição de um dos corréus, uma vez que a análise individualizada pode demonstrar a ausência de um dos elementos necessários à responsabilização em relação a algum dos agentes – pode incidir, por exemplo, alguma causa de exclusão de ilicitude da conduta ou da culpabilidade.

## Referências

BRASIL. Código de Processo Civil. Brasília, 16 mar. 2015. Disponível em: https://www.planalto.gov.br/ccivil_03/_ato20152018/2015/lei/l13105.htm#art319%C2%A71. Acesso em: 6 nov. 2023.

BRASIL. *Código de Processo Penal*. Brasília, 03 out 1941. Disponível em: https://www.planalto.gov.br/ccivil_03/decreto-lei/del3689.htm. Acesso em: 6 nov. 2023.

BRASIL. *Constituição Federal de 1988*. Brasília, 05 out. 1988. Disponível em: https://www.planalto.gov.br/ccivil_03/constituicao/constituicao.htm. Acesso em: 6 nov. 2021.

BRASIL. *Decreto nº 678, de 6 de novembro de 1992*. Promulga a Convenção Americana sobre Direitos Humanos (Pacto de São José da Costa Rica), de 22 de novembro de 1969. Brasília, DF: Presidência da República, 1992. Disponível em: https://www.planalto.gov.br/ccivil_03/decreto/d0678.htm. Acesso em: 8 ago. 2023.

BRASIL. *Lei nº 13.655, de 25 de abril de 2018*. Brasília, DF, 2018. Disponível em: https://www.planalto.gov.br/ccivil_03/_ato2015-2018/2018/lei/l13655.htm. Acesso em: 6 nov. 2023.

BRASIL. *Lei nº 14.230, de 25 out. 2021*. Brasília, 25 out. 2021. Disponível em: https://www.planalto.gov.br/ccivil_03/_ato2019-2022/2021/lei/l14230.htm. Acesso em: 6 nov. 2023.

BRASIL. *Lei nº 8.429, de 02 jun. de 1992*. Brasília, 02 jun. 1992. Disponível em: https://www.planalto.gov.br/ccivil_03/leis/L8429compilada.htm. Acesso em: 6 nov. 2023.

CERQUEIRA, V. Todero Martinelli; OLIVEIRA, Q. Pereira Alvim de; CARLIM, G. M. Freitas Sordo; MARTINS, R. S. A improbidade administrativa e a preocupação internacional com o combate à corrupção. *RECIMA21 – Revista Científica Multidisciplinar*, v. 4, n. 6, p. e463263, 2023. DOI: 10.47820/recima21.v4i6.3263. ISSN 2675-6218. Disponível em: https://recima21.com.br/index.php/recima21/article/view/3263. Acesso em: 9 nov. 2023.

NAÇÕES UNIDAS BRASIL. ONU assina novo Marco de Cooperação com o Brasil. *Nações Unidas Brasil*, 2 ago. 2023a. Disponível em: https://brasil.un.org/pt-br/240688-onu-assina-novo-marco-de-coopera%C3%A7%C3%A3o-com-o-brasil. Acesso em: 8 ago. 2023.

NAÇÕES UNIDAS BRASIL. Os Objetivos de Desenvolvimento Sustentável no Brasil. *Nações Unidas Brasil*, 2023b. Disponível em: https://brasil.un.org/pt-br/sdgs/16. Acesso em: 8 ago. 2023.

ORGANIZAÇÃO DAS NAÇÕES UNIDAS. Carta das Nações Unidas. *In*: CONFERÊNCIA DAS NAÇÕES UNIDAS SOBRE ORGANIZAÇÃO INTERNACIONAL, São Francisco, 26 de junho de 1945. *Anais* ... São Francisco, 1945. Disponível em: https://www.unicef.org/brazil/carta-das-nacoes-unidas. Acesso em: 8 ago. 2023.

VIEIRA, E. M. D.; FRANÇA, V. da R. Crítica da culpa na improbidade administrativa. *Revista de Direito Público da Procuradoria-Geral do Município de Londrina*, v. 12, n. 1, 29 ago. 2023.

Informação bibliográfica deste texto, conforme a NBR 6023:2018 da Associação Brasileira de Normas Técnicas (ABNT):

GURJÃO, Renata Fabris Pinto; BOMFIM, Daiesse Quênia Jaala Santos; SILVEIRA, Felipe Gurjão. Comentários ao Enunciado nº 10. *In*: FORTINI, Cristiana; GODINHO, Heloísa Helena A. M.; BASTOS JUNIOR, Luiz Magno P.; SANTOS, Rodrigo Valgas dos (Coord.). *Comentários aos Enunciados do IBDA*: mudanças na Lei de Improbidade Administrativa. Belo Horizonte: Fórum, 2024. p. 55-59. ISBN 978-65-5518-727-4.

# COMENTÁRIOS AO ENUNCIADO Nº 11

FABRÍCIO MOTTA
BRUNA TOLEDO PIZA MAGACHO

> **Enunciado nº 11: A aplicação de penalidade à pessoa jurídica privada, na hipótese dos artigos 3º e 12, §3º, da Lei de Improbidade Administrativa, deve levar em conta, entre outros fatores, os potenciais impactos econômicos e sociais das punições sobre a comunidade em que ela atua, sobre o mercado de trabalho, sobre a arrecadação tributária e sobre as alternativas de contratações futuras para a Administração Pública.**

O princípio da preservação da empresa se fundamenta nos princípios gerais da atividade econômica elencados no art. 170 da Constituição da República – trata-se de um reconhecimento da importância da atividade econômica da empresa para assegurar a todos uma existência digna, conforme os ditames da justiça social. A referência à função social mantém relação com todos os princípios referidos, colocando em destaque que "o fim da empresa é o de proporcionar benefícios para todos os envolvidos diretamente com a atividade e, ainda, para a coletividade".[1]

Em outras passagens de nosso ordenamento jurídico, é possível constatar a preocupação do legislador em fomentar a continuidade das atividades empresariais, ainda que um bem jurídico tenha sido afetado negativamente pela mesma atividade. A Lei nº 11.101/05, por exemplo, inovou ao instituir a figura da recuperação judicial com o inequívoco intuito de viabilizar o saneamento financeiro de empresas em desequilíbrio econômico e mantê-las operantes.

1 FRAZÃO, Ana. Função social da empresa. *In*: CAMPILONGO, Celso Fernandes; GONZAGA, Alvaro de Azevedo; FREIRE, André Luiz (Coord.). *Enciclopédia jurídica da PUC-SP*. 1. ed. São Paulo: Pontifícia Universidade Católica de São Paulo, 2017. Tomo Direito Comercial. Disponível em: https://enciclopediajuridica.pucsp.br/verbete/222/edicao-1/funcao-social-da-empresa.

Ao priorizar a manutenção das atividades das empresas, o valor prestigiado transcende os interesses individuais dos sócios e alcança outros bens jurídicos a serem protegidos, como empregos diretos e indiretos, direito dos trabalhadores e credores, interesse dos consumidores e a arrecadação do Estado, entre outros.

A Lei de Improbidade Administrativa reformada tratou com maior clareza o regime jurídico sancionatório aplicável às pessoas jurídicas. Inicialmente, a aplicabilidade das sanções previstas na Lei nº 8.429/92 às pessoas jurídicas está condicionada à existência de relação com recursos públicos recebidos por intermédio de convênio, contrato de repasse, contrato de gestão, termo de parceria, termo de cooperação ou ajuste administrativo equivalente (art. 2º, parágrafo único).

A leitura do art. 17-C, III da Lei nº 8.429/92 permite visualizar o iter formativo do juízo (sentença) sobre a aplicação de sanções em razão da prática de atos de improbidade. É possível perceber que o texto incorporou vertentes da *matriz decisória* delineada pela Lei de Introdução às Normas do Direito Brasileiro – LINDB (Dec.-Lei nº 4.657/42, alterado pela Lei nº 13.655/18). A referência à consideração cogente, pelo órgão jurisdicional, das consequências práticas da decisão (art. 17-C, II) sempre que decidir com base em valores jurídicos abstratos é complementada pelo art. 12, §3º.[2] A finalidade da avaliação dos efeitos econômicos e sociais é clara: viabilizar a manutenção das atividades empresariais.

O enunciado detalha ainda mais aspectos relativos ao impacto da decisão judicial a serem considerados no momento de definição da sanção adequada ao agente infrator. Repercussões sociais indesejadas, como perda de postos de trabalho, enfraquecimento da economia local, diminuição da arrecadação tributária, restrição da competitividade, entre outros, devem ser considerados pelo ente julgador.

A ideia de preservação da empresa no bojo da responsabilização da pessoa jurídica, expressamente prevista no §3º do art. 12 da LIA, envolve o necessário exercício de afastamento entre a sorte da empresa e a sorte de seu titular. Vale dizer, a preocupação quanto aos impactos econômicos e sociais é direcionada à atividade empresarial, não às pessoas – sócios e administradores também estão jungidos à observância do princípio da função social da empresa.

---

[2] "Art. 12. [...] §3º Na responsabilização da pessoa jurídica, deverão ser considerados os efeitos econômicos e sociais das sanções, de modo a viabilizar a manutenção de suas atividades".

Desta forma, a empresa não deve ser encarada apenas como um empreendimento isolado pertencente a um indivíduo ou a um conjunto de pessoas, mas sim como uma entidade social que tem a possibilidade de promover benefícios a todos os grupos que formam parte ou estão relacionados por sua atividade. A manutenção das atividades deve ser percebida sob a ótica do interesse coletivo, uma vez que essa entidade organizada de produção é responsável por criar empregos, gerar receitas tributárias e produzir ou intermediar bens e serviços para o mercado privado e público.

A propósito, o Estado, para além de arrecadar tributos, também figura como ente contratante e, como consequência indireta do encerramento das atividades de empresas punidas, também seria o ente público afetado pela restrição da competitividade, notadamente nos casos de objetos de maior complexidade e que são ofertados por menor quantitativo de fornecedores atuantes no mercado. Tal cenário retroalimentaria a condição prejudicial já experimentada pelo Estado, afinal, diante da obrigação de contratar para atendimento de necessidades públicas e, mais ainda, diante da dificuldade de adquirir o bem ou o serviço no mercado agora restrito, o ente público enfrentaria o risco de realizar contratações ineficientes. Outrossim, inviabilizar a continuidade das empresas seria, em última instância, ir de encontro ao interesse público.

Informação bibliográfica deste texto, conforme a NBR 6023:2018 da Associação Brasileira de Normas Técnicas (ABNT):

MOTTA, Fabrício; MAGACHO, Bruna Toledo Piza. Comentários ao Enunciado nº 11. *In*: FORTINI, Cristiana; GODINHO, Heloísa Helena A. M.; BASTOS JUNIOR, Luiz Magno P.; SANTOS, Rodrigo Valgas dos (Coord.). *Comentários aos Enunciados do IBDA*: mudanças na Lei de Improbidade Administrativa. Belo Horizonte: Fórum, 2024. p. 61-63. ISBN 978-65-5518-727-4.

# COMENTÁRIOS AO ENUNCIADO Nº 12

**RAQUEL MELO URBANO DE CARVALHO**
**ARTHUR CASTRO**

> **Enunciado nº 12: A aplicação do artigo 17-C, III, da Lei nº 8.429/92 exige que o julgador, ao proferir a sentença, considere os obstáculos, as dificuldades reais enfrentadas pelo gestor público e as exigências de políticas públicas a seu cargo, ocorridas à época da prática do ato de improbidade administrativa.**

Um dos enunciados de maior relevância processual, produzidos durante a II Jornada de Direito Administrativo do Instituto Brasileiro de Direito Administrativo – IBDA sobre as mudanças na Lei de Improbidade Administrativa, é o Enunciado nº 12, que restou aprovado nos seguintes termos:

> A aplicação do artigo 17-C, III, da Lei nº 8.429/92 exige que o julgador, ao proferir a sentença, considere os obstáculos, as dificuldades reais enfrentadas pelo gestor público e as exigências de políticas públicas a seu cargo, ocorridas à época da prática do ato de improbidade administrativa.

Em síntese, o verbete reproduz o texto do dispositivo legal citado e acrescenta que as dificuldades, os obstáculos e as exigências a serem considerados na decisão judicial devem ser os da época em que os fatos supostamente ímprobos ocorreram. É interessante notar que esse trecho final adicionado não é novidade no ordenamento jurídico e foi inspirado na Lei de Introdução do Direto Brasileiro – LINDB.

As alterações da LINDB pela Lei nº 13.655/2018 adicionaram ao seu texto normativo diversos dispositivos com claro o intuito de orientar as decisões proferidas nas esferas administrativa, controladora ou judicial no sentido de que levem em consideração elementos práticos, fatores da realidade, com os quais o agente público precisa lidar cotidianamente.

O art. 22, *caput*, aliado ao §1º da referida lei, diz expressamente que, ao interpretar normas sobre gestão pública, devem-se levar em consideração os obstáculos e as dificuldades reais do gestor e as exigências das políticas públicas a seu cargo, assim como nos casos de decisão sobre a regularidade de determinada conduta ou validade de ato, contrato, ajuste, processo ou norma administrativa; devem necessariamente ser consideradas as circunstâncias práticas que houverem influenciado a ação do agente. Junte-se a tais parâmetros o art. 24 dessa mesma lei, segundo o qual os órgãos revisores de ato, contrato ou processo administrativo que cujos efeitos já tiverem se aperfeiçoado, estejam os revisores nas esferas administrativa, controladora ou judicial, deverão ter como parâmetro de revisão as orientações gerais da época, sendo vedado o uso de orientação posterior para invalidar situações plenamente constituídas.

Assim, é fácil notar que o Enunciado nº 12 preconiza que o intérprete da Lei de Improbidade Administrativa, mais especificamente o magistrado, ao proferir decisão de natureza jurisdicional, o faça levando em consideração os parâmetros cogentes desde 2018 previstos pela LINDB. Referido condicionamento é essencial inclusive numa perspectiva de análise histórica, visto que boa parte dos comportamentos da Administração Pública entendidos como ímprobos decorriam de obstáculos inerentes à atividade desenvolvida e das dificuldades reais enfrentadas pelos limites da infraestrutura estatal, como é o caso de medidas tomadas em razão da insuficiência no quadro de pessoal, de crises econômicas a comprometer a disponibilidade orçamentária indispensável ao cumprimento adequado de determinados deveres públicos, bem como da ausência de bens móveis e imóveis necessários à regularidade da atividade administrativa. É manifesta a razoabilidade de impedir que um magistrado ao julgar a ação de improbidade ignore tais aspectos, sendo-lhe vedado que, ao interpretar as normas que deveriam ter sido cumpridas na atividade da gestão pública, enquadre como ilícitas e ímprobas atividades que não poderiam se realizar de outro modo.

Antes de falar em improbidade, pois, é necessário atentar para a realidade da estrutura do Estado. Daí se concluir que, quando se for classificar um comportamento com ímprobo, é indispensável apontar os elementos da realidade que circunscreveram o comportamento público e identificar objetivamente que havia outras alternativas exequíveis pelo gestor. A intenção é que não se decida que algo é ilícito, contrário ao direito e tão grave ao ponto de se enquadrar como improbidade, quando no mundo real as circunstâncias práticas indicavam ser aquele o comportamento possível e adequado. A ideia é que *depois* o Judiciário não faça uma análise abstrata e completamente divorciada dos limites do mundo real em que o gestor público atuou *antes*. Especialmente para quem realiza controle de probidade, os comandos introduzidos pela Lei nº 14.230 (na Lei nº 8.429) e pela Lei nº 13.655 (na LINDB) vedam a posição de "profeta do acontecido" a ignorar as condições que restringiam as possibilidades de escolha e impediam uma ação mais eficiente à época em que exercida a competência.

Na aplicação da Lei nº 8.429, com as alterações da Lei nº 14.230, portanto, ao se colocar alguma improbidade para definição, que o magistrado analise previamente aspectos dessa natureza: a) quais os obstáculos e as dificuldades reais do gestor: quais as exigências das políticas públicas a cargo do administrador?; b) como poderia o gestor atuar de uma melhor forma naquelas condições sem prejuízo dos direitos dos administrados?; c) havia circunstâncias práticas que impunham, limitavam ou condicionavam a ação do agente?

O problema diante desse contexto, evidenciado de forma maximizada no caso de improbidade, é que considerar os fatos, os elementos concretos da realidade a que a norma se destina, não é tarefa fácil nem mesmo habitualmente estudada pelos especialistas jurídicos. Trata-se de uma mudança significativa de paradigma e, mais grave, uma transformação que ainda não tem os seus próprios parâmetros definidos, com segurança, pela ciência. Ainda não se tem definido como e em que medida cogitar das mazelas da Administração, as quais variam desde a falta de tempo para o exercício das tarefas mais basilares ao número insuficiente de servidores, passando pelo desperdício, malversação, corrupção e omissão dos próprios administradores e dos particulares que se relacionam com o Estado. Até que ponto cada uma dessas possibilidades, presente em dada realidade, é capaz de definir algo como caracterizador de ilicitude ou dela excludente, de improbidade ou não, ainda não se sabe. Além disso, quais circunstâncias ponderar? Como ponderá-las em face das leis e da Constituição, dos direitos dos administrados e dos deveres de agir do Poder Público correspondentes aos direitos fundamentais dos cidadãos?

No ponto, cabe uma digressão a respeito de quais eram as intenções do legislador quando promoveu a inserção dos citados parâmetros de interpretação jurídica no texto da LINDB. Francisco Gaetani (2018) destrincha com bastante conhecimento de causa o estado de medo pelo qual os gestores públicos passam todos os dias em razão da insegurança jurídica produzida pelos órgãos de controle. Não raro algum agente público, investido de competência para o controle dos atos de outro agente público, seja em sede administrativa, seja em sede jurisdicional, exerce essa competência sem domínio pleno da complexidade do tema examinado e ainda produz entendimento sancionador com base em interpretações puramente idealistas, para não dizer românticas. Mais que puras interpretações românticas, há ainda aquelas atuações de órgãos de controle que partem da premissa de que todo e qualquer gestor público é ineficiente e atua com vista a interesses próprios. Nesse contexto, as consequências do aumento do *enforcement*, principalmente da *accountability* comportamental dos agentes públicos no Brasil levam a um estado de paralisia e temor na função executiva do Estado. Paradoxalmente, em um ambiente em que a burocracia controladora passa a ser uma das principais fontes de interpretação do direito administrativo, os tribunais de contas se tornaram a principal fonte de insegurança jurídica.

Pois bem, com a intenção de condicionar o exercício do controle de atos administrativos ao uso de parâmetros menos descolados da realidade, o legislador editou novos parâmetros de interpretação, contidos nos arts. 20 a 30 introduzidos na LINDB pela Lei nº 13.655/2018. Claramente foi uma tentativa de estabilizar a escalada da insegurança jurídica na aplicação do direito público brasileiro e sedimentar no ordenamento paradigmas mais realistas e lógico-racionais. Conforme Eduardo Jordão (2018), tais inovações tiveram como propósito o enfrentamento a duas teorias românticas, a primeira seria a suposta completude do direito, segundo a qual as normas jurídicas seriam perfeitas e capazes de prever todas as situações, além de precisas e imunes a interpretações; a segunda seria a crença da existência de cenários fáticos ideais para a efetivação do que está previsto nas normas de direito público.

Para enfrentar ambas arriscadas teorias, têm-se as redações atuais da LINDB e da Lei de Improbidade que se valem de conceitos jurídicos indeterminados como "dificuldades reais enfrentadas pelo gestor" sem estabelecer, de modo objetivo, em que medida estes conceitos servem para excluir, ou não, a caracterização da improbidade administrativa. Também não é claro como compatibilizar eventual reconhecimento de dificuldades reais graves à época da conduta da Administração Pública, consequências práticas limitadoras significativas e, simultaneamente, a possibilidade de prejuízo do direito dos administrados. Igualmente há omissão em indicar o mecanismo de ponderar tais limites e dificuldades anteriores com a vinculação decorrente de obrigações públicas previstas no ordenamento e de direitos fundamentais dos cidadãos. Essa a tarefa que, em cada caso, o magistrado e aqueles que se debruçam sobre a qualificação da improbidade deverão realizar, de modo que os argumentos e a discussão travada possam conduzir a um entendimento lúcido e coerente com a realidade, com o ordenamento jurídico e sem ignorar as consequências para toda a sociedade carente de instrumentos garantidores da probidade no Estado.

Retomando o exame do enunciado, cumpre notar que, ao conjugar os critérios interpretativos da LINDB com as inovações trazidas pela Lei nº 12.430/2021 no art. 17-C, III, da Lei nº 8.429/92, o verbete intenciona promover o seu uso como referência indispensável ao exame jurisdicional de supostos atos de improbidade administrativa, de forma que o magistrado deve fundamentar a decisão, em qualquer que seja a entrância, com dados da realidade fática enfrentada pelo gestor público à época em que os atos foram produzidos. E aqui, diga-se de passagem, que, embora o enunciado não tenha mencionado expressamente como parâmetro necessário à decisão judicial as orientações gerais da época dos fatos, esse critério de interpretação da validade dos atos deve ser aplicado pela força vinculante da LINDB às decisões jurisdicionais, sobretudo porque a norma menciona expressamente as revisões de atos em sede judicial.

Nesse contexto, surgem questionamentos a respeito das consequências da aplicação do Enunciado nº 12, ou melhor, a propósito da sua não aplicação. A inquietação que emerge no debate é sobre as consequências da omissão da decisão judicial quanto à apreciação das dificuldades reais enfrentadas pelo gestor público e das exigências de políticas, ocorridas à época da prática do ato em revisão.

Com efeito, a discussão passa para o campo da *accountability* judicial. Das três espécies de *accountability* judicial – institucional, decisional e comportamental –, parece-nos que as consequências possíveis se situam na decisional ou na comportamental.

De forma bastante sucinta, a *accountability* institucional compreende aquela exercida por órgãos de controle sobre o Judiciário, que podem ser internos ou externos, e se circunscreve ao dever de estabelecer medidas, normas ou políticas de aprimoramento da atuação das instituições do Judiciário, incluindo-se iniciativas que garantam a independência e autonomia da Justiça (ROBL FILHO, 2014, p. 31).

A decisional é a forma de *accountability* que compreende basicamente os mecanismos de controle das decisões judiciais de natureza jurisdicional. Assim, todas as garantias e previsões de duplo grau de jurisdição ou de provocar a revisão de decisões de caráter jurisdicionais por meios endoprocessuais, previstas na Constituição e outros diplomas legais, são meios de *accountability* judicial decisional. Como a Constituição Federal, desde a sua versão original previu, em consonância com o devido processo legal formal, a possibilidade da provocação da prestação jurisdicional em duplo grau de jurisdição, há de se concluir que as garantias constitucionais processuais foram tidas pelo constituinte originário como suficientes para equilibrar a relação da Justiça com a sociedade, diante das garantias de independência conferidas do Judiciário. Por óbvio, não há dúvidas de que, em caso de decisão de natureza jurisdicional que desconsidere os parâmetros previstos no Enunciado nº 12, será possível o controle do conteúdo da decisão pela provocação da instância superior dentro do sistema de recursos judiciais, cabendo à instância recursal efetivar o efeito devolutivo tanto em extensão quanto em profundidade, passando a apreciar o ato administrativo em revisão com a aplicação dos parâmetros de fundamentação em análise.

Por fim, a *accountability* comportamental pode ser definida como a forma de controle que se preocupa com a conduta do juiz no que diz respeito aos deveres funcionais fora da atuação estritamente jurisdicional. Por meio dessa espécie de *accountability*, busca-se controlar o cumprimento dos deveres funcionais do magistrado, incluindo-se aí como principais os deveres de imparcialidade, de integridade, urbanidade e eficiência na prestação jurisdicional. Traduz-se ainda nos deveres de julgar com independência, de acordo com os preceitos jurídico-normativo vigentes, sem discriminação ou diferenciação de qualquer espécie em relação às partes e, sobretudo, julgar sem aceitar quaisquer favores, seja de natureza social, política ou econômica. Julgar buscando interesses pessoais, que não sejam os da justiça, concretiza a destruição da independência judicial decisional (ROBL FILHO, 2014, p. 143).

Ocorre que é dever funcional do magistrado fundamentar todas suas decisões, conforme a norma descrita no art. 93, inc. IX, da Constituição Federal. Não bastasse, o Código de Processo Civil, no art. 11, também prevê o dever de fundamentação e, no art. 489, §1º, incs. II e IV, considera não fundamentada a decisão que empregar conceitos jurídicos indeterminados ou que não enfrentar todos os argumentos capazes de infirmar a decisão proferida pelo julgador. Nesse contexto, seria possível entender que o não enfrentamento dos critérios descritos no Enunciado nº 12 configuraria uma ausência de fundamentação? E mais, considerando-se ser esse o caso de ausência de fundamentação, isso poderia ensejar um procedimento disciplinar contra o magistrado?

Essas são questões ainda sem resposta que em breve deverão ser enfrentadas no âmbito dos tribunais de justiça e tribunais regionais federais, assim como em suas corregedorias locais. Registra-se a tendência ao apreciar casos semelhantes, mas concernentes a ausência de fundamentação em processos de natureza criminal, do Conselho Nacional de Justiça, apontando para o controle das decisões jurisdicionais protegido pela independência funcional do juiz, de forma que deve ser debatido no âmbito do controle decisional, posição que certamente ensejará acirrados debates doutrinários.

## Conclusão

As dificuldades a serem superadas na operacionalização dos parâmetros do art. 22, *caput* e do §1º da LINDB e do art. 17-C, III da Lei nº 8.429, em especial quanto às omissões que nos colocam uma tarefa de complexa arquitetura jurídica, requerem uma perspectiva ampla de juridicidade administrativa. Não se pode manter um olhar de mera legalidade estrita, mas é preciso se dedicar a um processo hermenêutico em que se reconstrói o significado da norma de probidade diante de cada realidade específica, sem a ilusão de um mecanismo de subsunção imparcial, matemático e objetivo.

Nesse processo, já era inevitável que nos deparássemos com a inviabilidade de trabalhar somente com significados possíveis fixos e rígidos, a partir de textos normativos interpretados de modo inflexível. Quando se alcança a natureza intrincada dos questionamentos advindos de alterações como as veiculadas pela Lei nº 14.230, que deve ser lida numa perspectiva sistêmica com atenção a parâmetros relevantes como os da LINDB, tem-se como indispensável a ponderação normativa, com uso da proporcionalidade como técnica de solução de conflito de interesses em casos difíceis, atentando-se às especificidades da realidade administrativa. É um desafio imediato a ser enfrentado por qualquer operador do direito e ao qual o IBDA respondeu com convergência de inúmeros esforços durante toda a Jornada de Enunciados em Pirenópolis.

Diante das acirradas divergências, alguns aspectos uníssonos foram pacificados com o objetivo de evitar equívocos na interpretação. Repita-se: nenhum vício existe em impor que a hermenêutica posterior se dê com atenção à realidade presente momento em que as competências administrativas se exerceram. É razoável impedir que se qualifique como improbidade algo que, no momento da atividade administrativa, não admitia decisão diversa, tendo em vista as dificuldades enfrentadas pelo gestor.

Aquiesce-se ser vedado que atos de controle, realizados anos depois do comportamento público, considerem alternativas que, no momento da ação do Estado, não existiam nem eram cogitáveis. Evitar o julgamento impiedoso, no futuro, de atividades que, quando realizadas, sujeitavam-se a limites reais que obstaculizavam outras hipóteses de ação é lúcido e jurídico, numa perspectiva ampla de juridicidade administrativa. A legislação contemporânea prescreve exatamente que a realidade a se considerar quando da definição da regularidade ou ilicitude do comportamento do Estado é a do momento em que se atuou e não a do futuro, a época do controle posterior. Afigura-se claramente positivo colocar tal necessidade como um desafio a ser enfrentado por todo aquele que tem por competência fazer juízo de improbidade, com pesadas sanções possíveis em face de comportamentos anteriores. Adverte-se, contudo, que ser positivo e necessário não equivale a ser fácil, visto se tratar de uma tarefa hermenêutica das mais densas e complexas.

Nesse contexto, deve-se atentar para a cautela requerida de se afastar a incidência dos novos parâmetros como um biombo capaz de blindar a atividade administrativa de qualquer controle repressivo *a posteriori* de improbidade administrativa, tornando as escolhas anteriores, não importa o quão contaminadas e ofensivas à moralidade sejam, em decisões de efeitos perenes, incapazes de atrair qualquer rechaçamento jurídico eficaz quanto às indispensáveis probidade e juridicidade administrativas. Exigir que sejam considerados limites, dificuldades, restrições, circunstâncias práticas da época da atividade administrativa é evolução do sistema normativo, merecendo aplausos a regra do art. 22 da LINDB quanto a esse aspecto. No entanto, impedir o controle de probidade no Estado brasileiro é procedimento tão arriscado e danoso como uma interpretação abstrata, intelectualmente limitada e rígida dos textos legais. Isso porque, ao contrário do que se imagina à primeira vista, tornar absoluto e não sancionado (no sentido de excluir juízos de improbidade) o fato de o gestor ter enfrentado uma dificuldade ou a circunstância de o controlador não ter atentado para as limitações reais do agente público pode significar afastar punições necessárias à preservação da juridicidade, com comprometimento grave da moralidade administrativa. Isso pode se mostrar alternativa pior à proteção do interesse público primário (ou seja, aos cidadãos membros da sociedade) do que o erro no dever de motivar de quem afirmou exigir improbidade sem atentar para as exigências do *caput* e do §1º do art. 22 da LINDB e do art. 17-C, III da Lei nº 8.429, com sua redação atual. Insiste-se quanto à necessidade de se ponderar, em casos difíceis dessa natureza, qual interpretação preservará o sistema jurídico com menor restrição ao núcleo dos interesses e direitos presentes, sem olvidar da perspectiva coletiva a orientar a decisão no caso. Atos violadores de princípios constitucionais não podem remanescer sujeitos à preservação nem seus autores protegidos de sancionamento possível, independentemente das justificativas exaradas, sendo inaceitável justificar condutas contrárias aos interesses públicos.

Alterações legislativas não podem criar salvo conduto para o gestor ímprobo, a quem não pode bastar mencionar dificuldades para ver-se livre do controle sobre seus atos. Na tentativa de orientar a racionalidade nesse novo cenário e de evitar a aplicação equivocada de uma das mais importantes regras da Lei nº 14.230, sublinha-se a importância de critérios que explicitem o que são "dificuldades reais", a serem consideradas em cada contexto, bem como respeito aos juízos técnicos feitos previamente, sendo pertinente observar os Enunciados do IBDA na Jornada da LINDB realizada em Tiradentes:

> 11. Na expressão 'dificuldades reais' constante do art. 22 da LINDB estão compreendidas carências materiais, deficiências estruturais, físicas, orçamentárias, temporais, de recursos humanos (incluída a qualificação dos agentes) e as circunstâncias jurídicas complexas, a exemplo da atecnia da legislação, as quais não podem paralisar o gestor.
> 12. No exercício da atividade de controle, a análise dos obstáculos e dificuldades reais do gestor, nos termos do art. 22 da LINDB, deve ser feita também mediante a utilização de critérios jurídicos, sem interpretações pautadas em mera subjetividade.
> 13. A competência para dizer qual é a melhor decisão administrativa é do gestor, não do controlador. O ônus argumentativo da ação

controladora que imputa irregularidade ou ilegalidade à conduta é do controlador, estabelecendo-se diálogo necessário e completo com as razões aduzidas pelo gestor.

De fato, o ônus argumentativo que afaste o peso dos limites, dificuldades, restrições e condições de atuação que circundaram o exercício da competência e prática do ato é de quem faz o controle, o que significaria, também nessa etapa de hermenêutica, deferência às decisões administrativas originárias e especial atenção do magistrado que julgará a ação de improbidade.

A complexidade das ponderações aduzidas evidencia a necessidade de se encarar, com seriedade, a análise dos novos dispositivos, o exercício das tarefas deles decorrentes, sem anuir à sedução simplista da ideia de "perdão judicial" como tábua salvadora de todos os problemas, inclusive dos abusos já identificados no controle da probidade administrativa.

Tão ruim como ignorar as circunstâncias fáticas da aplicação do direito administrativo pelo agente público é torná-las "rainhas absolutas" aptas a afastar as consequências de graves ilegalidades, com comprometimento da moralidade administrativa mínima.

Se uma incidência automática e pretensamente matemática do ordenamento é inadmissível como critério absoluto de observar as normas em pleno século XXI, é igualmente absurdo ignorar as exigências de ética pública, o conteúdo normativo que rege os comportamentos do Estado e dos particulares nas relações de direito público para dar primazia exclusiva à realidade administrativa quando da atividade estatal. Equilíbrio hermenêutico, esse o desafio que se propõe.

## Referências

GAETANI, Francisco. O mundo jurídico virou a principal finte de insegurança jurídica. *Valor Econômico*, 21 abr. 2018.

JORDÃO, Eduardo. Art. 22 da LINDB – Acabou o romance: reforço do pragmatismo no direito público brasileiro. *Revista de Direito Administrativo*, p. 63-92, 2018.

ROBL FILHO, Ilton Norberto. *Conselho nacional de justiça*: Estado democrático de direito e accountability. São Paulo: Saraiva, 2014.

Informação bibliográfica deste texto, conforme a NBR 6023:2018 da Associação Brasileira de Normas Técnicas (ABNT):

CARVALHO, Raquel Melo Urbano de; CASTRO, Arthur. Comentários ao Enunciado nº 12. *In*: FORTINI, Cristiana; GODINHO, Heloísa Helena A. M.; BASTOS JUNIOR, Luiz Magno P.; SANTOS, Rodrigo Valgas dos (Coord.). *Comentários aos Enunciados do IBDA*: mudanças na Lei de Improbidade Administrativa. Belo Horizonte: Fórum, 2024. p. 65-75. ISBN 978-65-5518-727-4.

# COMENTÁRIOS AO ENUNCIADO Nº 13

DELSON LYRA DA FONSECA

> **Enunciado nº 13: É constitucional a norma do art. 12, §1º, da Lei nº 8.429/92, que limita a pena de perda da função pública à hipótese de vínculo da mesma qualidade e natureza que o agente público ou político detinha com o poder público na época do cometimento da infração, ressalvada a possibilidade excepcional de extensão a outros vínculos, nos casos de enriquecimento ilícito previstos no artigo 9º, inciso I.**

Na jornada de enunciados do Instituto Brasileiro de Direito Administrativo, ocorrida em Pirenópolis/GO, em 2023, o objeto central foi precisamente peculiaridades em tema do direito administrativo sancionador aplicado, especialmente, nos casos de improbidade administrativa. Essa opção se fez oportuna em virtude das ainda recentes alterações incorporadas à Lei nº 8.429, de 1992, por meio da Lei nº 14.230, de 2021. Cuida-se de assunto dotado de relevância e essencialidade para todos que operam nessa seara, o que destaca a pertinência do seu tratamento pelo especialíssimo Grupo de Trabalho Sanções e Dosimetria, coordenado com maestria pelo Professor Rodrigo Valgas e integrado por profissionais versados no tema.

O resultado dessa exaustiva jornada só poderia ser a produção de um conjunto de enunciados sobre tópicos tão desafiantes quanto presentes na casuística doutrinária e jurisprudencial, agora submetida a nada menos que verdadeira revolução desafiadora. Entre estes, os presentes comentários tratarão do Enunciado nº 13, acima transcrito.

Sua redação clara limita-se a afirmar a constitucionalidade da disposição legal sob foco, que dispõe:

> §1º A sanção de perda da função pública, nas hipóteses dos incisos I e II do caput deste artigo, atinge apenas o vínculo de mesma qualidade e natureza que o agente público ou político detinha com o poder público na época do cometimento da infração, podendo o magistrado, na

hipótese do inciso I do caput deste artigo, e em caráter excepcional, estendê-la aos demais vínculos, consideradas as circunstâncias do caso e a gravidade da infração.

E por que se cogitaria interpretação contrária? A matriz atual da indagação se situa na ADI nº 7.236/STF, proposta pela Associação Nacional dos Membros do Ministério Público – Conamp, tem como relator o Eminente Ministro Alexandre Moraes, que, em sede de liminar, determinou a suspensão da eficácia de tal preceito. O argumento central de Sua Excelência foi a presença de, "portanto, indícios de desrespeito ao princípio da razoabilidade, uma vez que não observadas as necessárias proporcionalidades, justiça e adequação entre o dispositivo impugnado e o conceito constitucional de improbidade administrativa [...]".

Nas discussões travadas no citado grupo de trabalho, alguns integrantes defenderam que a suspensão de eficácia daquele dispositivo legal pelo Supremo prejudicaria o andamento do enunciado em comento. A maioria, no entanto, concluiu contrariamente, convencida de que, de fato, "a edição deste enunciado está condicionada ao julgamento da ADI 7236, mas terá eficácia persuasiva até que seja julgado o mérito da ação", ressalva então lançada pelo Professor Rodrigo Valgas, um dos proponentes. Tem lógica absoluta o rumo adotado, já que o texto cuja eficácia esteja suspensa em sede de controle concentrado de constitucionalidade permanece vivo no sistema, portanto, apto a ser objeto de análises hermenêuticas.

Dito isto, e mesmo rendendo vênias devidas à Suprema Corte, como o tema permanece *sub judice*, à espera da tramitação processual peculiar e do julgamento de mérito, é a hora e a vez de doutrinadores, operadores jurídicos e instituições atuantes no assunto se debruçarem em reflexões contributivas visando um desfecho adequado, na perspectiva da proteção ao direito coletivo a uma administração proba, clara, harmonizada com o tratamento jurídico individualmente adequado em prol dos agentes públicos demandados por condutas possivelmente ímprobas.

Pois bem! Um primeiro aspecto que tem chamado a atenção da sociedade em geral e em particular dos que vivenciam os meandros jurídicos é a facilidade com que se afirmam inconstitucionalidades de leis e atos normativos, sem maior atenção aos pressupostos e requisitos que regulam o tema. Um exemplo elucidativo é o manejo de ações de controle difuso fundamentadas em alegada contrariedade a princípios constitucionais implícitos, sem amparo em regra expressa.

A natureza mesma desse instituto, até pelo fato de colocar a função jurisdicional máxima em oposição à autonomia do Poder Legislativo, impõe que o exercício desse controle se submeta ao rigor da excepcionalidade e do atendimento a pressupostos peculiares.

Ora, a Suprema Corte, ao exercer o controle difuso de constitucionalidade através do recurso extraordinário, exige específica demonstração do dispositivo constitucional violado, como requisito de admissibilidade, inclusive por aplicação da vetusta Súmula nº 284. Sustenta a Corte que, sem tal indicação expressa, haveria "deficiência na sua fundamentação não permitir a exata compreensão da controvérsia". Assim, com reforçado respaldo, a exigência de indicação do dispositivo da Constituição que estaria sendo violado pela lei impugnada não poderia ser minimizada. Exceções à regra são possíveis! Contudo, reclamam fundamentação dotada de plena pertinência.

Outro ponto que chama a atenção na atual quadra é a convicção de muitos no sentido de que o Judiciário poderia editar, modificar e até revogar normais legais, dando a suas decisões alcance para além de interpretação e aplicação no caso concreto. Esse excesso de protagonismo, na situação sob foco, é visível no argumento de que a institucionalidade do dispositivo legal abordado estaria na contrariedade ao §4º, do art. 37, da Constituição, que, visto e lido, diz o oposto! Na verdade, o texto constitucional é expresso em conferir ao Congresso Nacional – e somente a este – a prerrogativa de dispor, por meio de lei, sobre a forma e a gradação com que os atos de improbidade administrativa devem ser sancionados, inclusive quanto à perda da função pública.

Com efeito, ao dispor sobre limites e requisitos para a decretação da pena de perda da função pública, o legislador de 2021 o fez nos precisos limites outorgados pelo constituinte. Dado isso, é fácil concluir que a ferrenha oposição à regra tratada não passa de discordância com a norma nova e do desejo de inscrever na ordem jurídica outra, enquanto o legislador estatui que a perda da função pública deve se liminar ao cargo, emprego ou função em que se deu o ato provadamente ímprobo.

Em adendo, mesmo contemplando diferenças e peculiaridades, a depender do âmbito jurídico em que situado o caso concreto, é irrecusável reconhecer que as demandas por ato de improbidade não podem deixar de ser compreendidas como instrumento dotado de grande similitude com as ações penais, inclusive pela gravidade das punições previstas e da intensa afetação que acarretam à esfera jurídica, profissional, social e familiar do demandado.

Mesmo que assim não se entenda, certo é que qualquer preceito jurídico que veicule aplicação de sanção por ato ilícito está sujeito a retores constitucionais básicos, como mensuração individual da culpabilidade (cada qual responde na medida da culpa *in concreto*), da personificação (a sanção não pode alcançar outrem), da proporcionalidade (toda pena se legitima pela medida certa à reprimenda necessária e suficiente à ofensa causada) e da pertinência funcional (a escolha da sanção e sua dosimetria, grosso modo, encontram limite no binômio prevenção e restauração). Estes sim, alicerçados em preceitos constitucionais próprios, alguns deles com *status* de garantia fundamental.

A ausência de critérios na lei anterior desatendia os preceitos constitucionais aplicáveis ao tema, dando azo a julgamentos em que demandados foram apenados com tal sanção, sem aferição da gravidade do ato ímprobo praticado e não raro alcançando funções sem qualquer relação com a ilicitude e até mesmo conquistadas em outras esferas mediante concursos públicos.

Explicitando tais características, o novel legislador, em boa hora, conceituou o trato dos atos de improbidade como tema de direito administrativo sancionador, o que implica a inafastável incidência dos princípios e garantias constitucionais protetivos da dignidade, da liberdade, do devido processo legal e do contraditório e da igualdade, para ficar nesses.

A alegação de inconstitucionalidade do disposto no novel art. 12, §1º, da Lei nº 8.429/92, segue rumo oposto! Opera uma clara inversão de valores, em que o estado persecutório ganharia prevalência sobre o cidadão, despindo-o de direitos e garantias fundamentais que sustentam as relações sociais de hoje!

Informação bibliográfica deste texto, conforme a NBR 6023:2018 da Associação Brasileira de Normas Técnicas (ABNT):

FONSECA, Delson Lyra da. Comentários ao Enunciado nº 13. *In*: FORTINI, Cristiana; GODINHO, Heloísa Helena A. M.; BASTOS JUNIOR, Luiz Magno P.; SANTOS, Rodrigo Valgas dos (Coord.). *Comentários aos Enunciados do IBDA*: mudanças na Lei de Improbidade Administrativa. Belo Horizonte: Fórum, 2024. p. 77-80. ISBN 978-65-5518-727-4.

# COMENTÁRIOS AO ENUNCIADO Nº 14

GIOVANI MENICUCCI
KARINA HOUAT HARB

**Enunciado nº 14: A absolvição, na esfera penal, por qualquer dos fundamentos previstos no art. 386 do CPP, impede a tramitação de ação de improbidade em que se discutam os mesmos fatos, salvo na hipótese de absolvição por atipicidade criminal da conduta, prevista no inciso III daquele dispositivo legal.**

## 1 Independência entre esferas sancionatórias, limites e desafios

O debate acerca da independência entre as esferas penal, administrativa e civil em matéria sancionatória constitui um intricado desafio para o ordenamento jurídico contemporâneo. A necessidade de promover a justiça e a responsabilização por condutas ilícitas coloca em destaque a complexidade inerente à independência dessas esferas sancionadoras. Este cenário levanta indagações cruciais sobre como conciliar a busca pela verdade processual em distintos domínios, ao mesmo tempo em que se preserva a autonomia e a finalidade específica de cada uma delas.

Contudo, a delimitação clara e eficaz entre essas esferas nem sempre é uma tarefa simples. A sobreposição de procedimentos, a possibilidade de divergências nas conclusões e os desafios inerentes à harmonização de objetivos distintos são questões que permeiam o debate jurídico sobre a independência das esferas sancionadoras.

A necessidade de comunicação entre instâncias é imperativa em situações específicas, visando atingir a verdadeira justiça. Essa abordagem é essencial para evitar que a possibilidade de decisões discrepantes resulte no descrédito de qualquer um dos poderes envolvidos e, em última instância, comprometa a integridade do Estado.

Neste contexto, evidenciam-se situações nas quais as decisões em uma esfera acabam repercutindo nas demais, atraindo intenso debate nos tribunais e na doutrina, bem como uma crescente produção legislativa buscando compreender e aprimorar este tema que é de vital importância para o sistema jurídico contemporâneo.

A relevância da questão pode ser verificada na jurisprudência do STJ, que excepciona a independência das esferas cível, administrativa e penal, nos casos de absolvição, no processo criminal, por afirmada inexistência do fato ou negativa de autoria. Nesse sentido, a comunicabilidade da coisa julgada da esfera penal com as demais encontra expressa previsão legal no art. 935 do CC/02, nos arts. 65 e 66 do CPP e no art. 126 da Lei nº 8.112, que reconhecem que a coisa julgada operada na esfera criminal repercute nas demais esferas quando negada a existência do fato ou da autoria.

Destarte, o sistema processual brasileiro adota, quanto à vinculação de instâncias em relação a um mesmo fato, o modelo da independência relativa ou mitigada. Assim, o princípio da separação de instâncias não seria absoluto, permitindo um grau de permeabilidade em determinados casos. Dessa forma, a depender do seu fundamento, a sentença que resolve o mérito na esfera criminal poderá ter consequências distintas nas demais esferas sancionatórias.

A sentença condenatória proferida na esfera criminal estabelece uma vinculação entre os juízos cível e administrativo, impedindo que estes decidam de maneira divergente. Isso se deve ao fato de que a decisão criminal, ao condenar, já estabelece de forma conclusiva a existência do fato e sua autoria. Em contrapartida, nos casos de absolvição, a repercussão da decisão penal nas demais esferas dependeria do fundamento adotado pelo juiz criminal, conforme previsto nos termos do art. 386 do Código de Processo Penal.

## 2 Entrada em vigor da Lei nº 14.230/21

Mais recentemente, somou-se o fato de que a Lei nº 14.230/21 incluiu os §§3º e 4º ao art. 21 da Lei nº 8.429/92, que reforçam a vinculação da improbidade ao decidido pelo juízo criminal. Conforme disposto no §3º do referido dispositivo legal, as sentenças civis e penais produzirão efeitos em relação à ação de improbidade quando concluírem pela inexistência de conduta ou pela negativa de autoria. Já o §4º, a absolvição criminal em ação que discuta os mesmos fatos, confirmada por decisão colegiada, impede o trâmite da ação de improbidade, havendo comunicação com todos os fundamentos de absolvição previstos no art. 386 do DL nº 3.689/41 (CPP).

Essa mudança legislativa veio solucionar um vácuo normativo que pairava sobre a Lei de Improbidade Administrativa, a ausência de disposição acerca da comunicabilidade dos efeitos da absolvição penal. Como visto, essa comunicabilidade tinha previsão em outros diplomas normativos e estava, até então, limitada às hipóteses de absolvição por inexistência material do fato, negativa de autoria e exclusão da ilicitude. Nesse contexto, a inclusão do art. 21, §4º na Lei de Improbidade Administrativa inaugurou um novo panorama normativo, promovendo uma ampla comunicação dos efeitos da absolvição penal à ação por improbidade administrativa.

De fato, no sistema da Lei nº 8.429/92 anterior à reforma efetuada pela Lei nº 14.230/21, inexistia qualquer óbice ao prosseguimento da ação de improbidade, ainda que houvesse a absolvição na esfera penal, podendo assim, o indivíduo absolvido nesta esfera, ser condenado por improbidade administrativa.

A partir de agora, por força da referida alteração legislativa, quaisquer dos fundamentos previstos no art. 386 do CPP passam a "impedir o trâmite" da ação de improbidade em que se discutam os mesmos fatos. A justificativa apresentada pelo relator do projeto de lei que resultou na Lei nº 14.230/21, Deputado Federal Carlos Zarattini, era no sentido de "evitar o bis in idem e para preservar a coerência da jurisdição". Com isso, no entendimento do relator da matéria, decisões em outras esferas da jurisdição teriam o condão de influir na decisão de improbidade administrativa de modo a beneficiar o réu.

## 3 Suspensão da eficácia do art. 21, §4º da LIA (ADI nº 7.236/DF)

Ocorre que, em 27.12.2022, o art. 21, §4º da LIA teve sua eficácia suspensa por decisão cautelar proferida pelo Ministro Alexandre de Moraes, nos autos da ADI nº 7.236/DF. Segundo o ministro, "a comunicabilidade ampla pretendida pela norma questionada acaba por corroer a própria lógica constitucional da autonomia das instâncias", circunstância que indicaria, "ao menos em sede de cognição sumária, a necessidade do provimento cautelar".

Ao suspender a eficácia do art. 21, §4º, da LIA, o Ministro Alexandre de Moraes reconheceu o avanço da jurisprudência do STF em direção à consolidação da "independência mitigada" entre as esferas punitivas. Ele fez referência expressa ao precedente firmado pela Suprema Corte na Reclamação nº 41.557/SP, em que se determinou o trancamento de ação por improbidade administrativa que discutia os mesmos fatos objeto de ação penal trancada em *habeas corpus* com base na ausência de justa causa.

Nesse sentido, após a suspensão do art. 21, §4º, da LIA na ADI nº 7.236/DF, o Ministro Gilmar Mendes destacou que a suspensão do referido dispositivo legal não atinge a vedação constitucional do *ne bis in idem*.

## 4 Absolvição por atipicidade criminal da conduta e sua interferência nas esferas sancionatórias

Diante dessa conclusão, devemos voltar a nossa atenção ao disposto no inc. III do art. 386 do Código de Processo Penal, segundo o qual o juiz absolverá o réu, desde que reconheça não constituir o fato infração penal. Portanto, a hipótese de absolvição por atipicidade criminal da conduta estaria contemplada nas hipóteses previstas no art. 21, §4º da Lei de Improbidade Administrativa?

Quando um indivíduo é absolvido na esfera penal por atipicidade criminal da conduta, significa que o comportamento em questão não se enquadra nos elementos que configuram um tipo penal. A decisão criminal, nesse contexto, não implica necessariamente que a conduta em si seja inofensiva ou inócua; apenas não atende aos requisitos legais para ser considerada uma infração penal.

Porém, nada impede que nas esferas cível e administrativa, as avaliações sejam orientadas por critérios distintos. A esfera cível pode analisar a conduta sob uma perspectiva de responsabilidade civil, na qual o foco é a reparação de danos causados a terceiros. A esfera administrativa, por sua vez, pode considerar a conduta à luz de normas e regulamentos específicos, buscando impor sanções administrativas para preservar o interesse público ou outra norma de direito público.

Nota-se, portanto, que, em relação ao inc. III do art. 386 do CPP, a absolvição por atipicidade na esfera penal não implica automaticamente a inexistência de responsabilidades nas esferas cível e administrativa. Cada esfera possui seus próprios critérios, regras e princípios, o que justifica a não comunicabilidade direta e imediata entre elas nesse contexto específico. A independência dessas esferas permite uma abordagem mais abrangente e ajustada a seus objetivos particulares, evitando conclusões automáticas que não considerem as nuances de cada caso concreto.

## 5 Reflexão sobre o Enunciado nº 14, fruto da II Jornada de Pirenópolis

O tema analisado neste artigo ganha ainda mais relevância quando consideramos os debates ocorridos durante a II Jornada de Improbidade Administrativa, realizada pelo Instituto Brasileiro de Direito Administrativo – IBDA, em 26.5.2023, na pitoresca cidade de Pirenópolis. Este evento, marcado pela coordenação-geral do Instituto de Direito Administrativo de Goiás – IDAG e o esforço conjunto de sete coordenações científicas, dedicou-se a discutir as significativas mudanças na Lei de Improbidade Administrativa (LIA – Lei nº 8.429/1992), especialmente após as alterações introduzidas pela Lei nº 14.230/2021. A profundidade das discussões ali realizadas ressalta a importância de uma interpretação atualizada e criteriosa dos enunciados produzidos, especialmente no que tange à relação entre absolvições penais e ações de improbidade que discutem os mesmos fatos.

A orientação fornecida pelo Enunciado nº 14, fruto da jornada, reflete um entendimento coletivo sobre a necessidade de harmonizar as esferas penal e administrativa. A explicitação da exceção referente à atipicidade da conduta, como um dos poucos motivos para não transposição da absolvição penal para o âmbito da improbidade, sinaliza uma perspectiva equilibrada que preserva a integridade do ordenamento jurídico, ao mesmo tempo que evita injustiças processuais. Essa abordagem é reforçada pela jurisprudência e doutrina atualizadas, que reconhecem a importância de decisões judiciais e acadêmicas oriundas de eventos como o realizado em Pirenópolis.

A II Jornada de Improbidade do IBDA, e os enunciados dela decorrentes, representam um marco na interpretação da Lei de Improbidade Administrativa, fornecendo diretrizes essenciais para a compreensão e aplicação da lei no contexto das relações entre as absolvições penais e as ações de improbidade. A inclusão dessas reflexões em nosso debate não apenas enriquece a análise proposta, mas também destaca a importância de se considerar os avanços doutrinários e jurisprudenciais recentes, assegurando que a prática jurídica esteja alinhada com os princípios mais atuais de justiça e legalidade.

Informação bibliográfica deste texto, conforme a NBR 6023:2018 da Associação Brasileira de Normas Técnicas (ABNT):

MENICUCCI, Giovani; HARB, Karina Houat. Comentários ao Enunciado nº 14. *In*: FORTINI, Cristiana; GODINHO, Heloísa Helena A. M.; BASTOS JUNIOR, Luiz Magno P.; SANTOS, Rodrigo Valgas dos (Coord.). *Comentários aos Enunciados do IBDA*: mudanças na Lei de Improbidade Administrativa. Belo Horizonte: Fórum, 2024. p. 81-86. ISBN 978-65-5518-727-4.

# COMENTÁRIOS AO ENUNCIADO Nº 15

**ALICE VORONOFF**

> **Enunciado nº 15: O estabelecimento de sanções e gradações distintas para os tipos previstos nos art. 9º, 10 e 11 da Lei nº 8.429/92, com a redação dada pela Lei nº 14.230/21, não viola a Constituição da República.**

O art. 12 da Lei de Improbidade Administrativa (Lei nº 8.429/1992, com redação dada pela Lei nº 14.230/2021) prevê diferentes sanções e gradações para as condutas previstas nos arts. 9º (atos de improbidade administrativa que importam em enriquecimento ilícito), 10 (atos de improbidade administrativa que causam prejuízo ao erário) e 11 (atos de improbidade administrativa que atentem contra os princípios da Administração Pública).

As sanções para as hipóteses dos arts. 9º e 10 são bem similares: perda dos bens ou valores acrescidos ilicitamente ao patrimônio, perda da função pública, suspensão dos direitos políticos, pagamento de multa civil equivalente ao valor do acréscimo patrimonial e proibição de contratar com o poder público ou de receber benefícios ou incentivos fiscais ou creditícios. A principal diferença é que, em casos de enriquecimento ilícito (art. 9º), a suspensão de direitos políticos e a proibição de contratar com o poder público/receber benefícios podem ser arbitradas em até 14 anos, ao passo que, para os atos de improbidade administrativa que causam prejuízo ao erário (art. 10), o limite é de 12 anos. Já as condutas que atentam contra os princípios da Administração Pública (art. 11) se sujeitam às sanções de multa de até 24 vezes o valor percebido pelo agente e à proibição de contratar com o poder público/receber benefícios por até 4 anos.

Na redação anterior à Lei nº 14.230/2021, referido esquema sancionatório era mais homogêneo. Previam-se as seguintes (e mesmas) sanções para os três tipos de infrações, com gradações quanto a montantes e períodos sancionatórios aplicáveis: ressarcimento integral do dano, quando houvesse; perda da função pública; suspensão dos direitos políticos (que variava de 8 a 10 anos para os tipos do art. 9º; de 5 a 8 anos para os tipos do art. 10; e de 3 a 5 anos para os tipos do art. 11); pagamento de multa civil (de até 3 vezes o valor do acréscimo patrimonial nos tipos do art. 9º; de até 2 vezes o valor do dano nos tipos do art. 10; e de até cem vezes o valor da remuneração percebida pelo agente nos tipos do art. 11); proibição de contratar com o Poder Público ou receber benefícios ou incentivos fiscais ou creditícios, direta ou indiretamente, ainda que por intermédio de pessoa jurídica da qual seja sócio majoritário (pelo prazo de 10 anos, nos tipos do art. 9º, por 5 anos, nos tipos do art. 10; e por 3 anos, nos tipos do art. 11).

A Lei nº 14.230/2021, portanto, inovou ao estabelecer sanções distintas para, de um lado, os tipos dos arts. 9º e 10, e, de outro, aqueles do art. 11. Gradações já havia mesmo na redação anterior da Lei de Improbidade Administrativa. Mas o legislador, para além de, em boa técnica, retirar do art. 12 a alusão ao ressarcimento do dano, cuja natureza não é sancionatória, suprimiu do rol de sanções aplicáveis às condutas que atentem contra os princípios da Administração Pública as hipóteses de perda de bens e valores acrescidos ilicitamente ao patrimônio, perda da função pública e suspensão dos direitos políticos. A partir de então, passou-se a discutir se a referida diferenciação seria legítima à luz do art. 37, §4º, da Constituição da República, que estabelece que "[o]s atos de improbidade [em geral] importarão a suspensão dos direitos políticos, a perda da função pública, a indisponibilidade dos bens e o ressarcimento ao erário, na forma e gradação previstas em lei, sem prejuízo da ação penal cabível".

A resposta é positiva. O novo esquema sancionatório desenhado pelo legislador – que distingue não apenas as gradações, mas as sanções aplicáveis aos diferentes tipos da improbidade – insere-se no espaço legítimo de conformação deixado pelo constituinte ao legislador ordinário.

Em primeiro lugar, por força da própria literalidade do dispositivo constitucional. Segundo o dispositivo, os atos de improbidade importarão em efeitos gravosos para quem os comete, "na forma e gradação previstas em lei". Portanto, foi intencionalmente aberta ao legislador ordinário a possibilidade de definir a *forma*; o conjunto de efeitos a que estão sujeitos os infratores da Lei de Improbidade, entre aqueles previstos no art. 37, §4º, da Constituição (além de outros que venham a ser previstos na lei, a exemplo da proibição de contratar com o Poder Público ou receber benefícios ou incentivos fiscais ou creditícios). Ou seja, os ilícitos importarão em sanções *na forma da lei* que os estabeleça, o que vai ao encontro do princípio democrático.

Em segundo lugar, porque essa é a leitura que realiza, em maior medida, os princípios da proporcionalidade e da razoabilidade, extraídos da cláusula do Estado democrático de direito (art. 1º da CRFB) e da cláusula do devido processo legal em sua dimensão material (art. 5º, LIV, CRFB). Refere-se, aqui, à ideia da razoabilidade enquanto equivalência desenvolvida pelo Professor Humberto Ávila, que expressa o dever – aplicável ao Poder Público em geral – de assegurar a equivalência entre a medida adotada e o critério que a dimensiona; entre o meio adotado e a finalidade a ser atingida.[1]

É dizer: é parte do dever constitucional do legislador realizar ele próprio juízos que atribuíam às infrações previstas em lei consequências consideradas razoáveis e proporcionais. E isso passa por diferenciações possíveis não apenas quanto a gradações das sanções, mas às próprias penalidades aplicáveis a cada tipo de infração.

Por fim, há ainda um argumento de isonomia. O que o legislador fez foi tratar desigualmente situações diversas. E já o fazia sob a égide do esquema normativo anterior à Lei nº 14.230/2021. Desde lá, por exemplo, as infrações do art. 9º sujeitavam-se à suspensão de direitos políticos pelo período de 8 a 10 anos (o que denotava um juízo de maior gravidade); para aquelas do art. 10, a gradação ia de 5 a 8 anos (denotando um juízo de média gravidade); e para os tipos do art. 11, a suspensão gravitava entre 3 a 5 anos (a evidenciar menor gravidade). Essa lógica de distinções permanece no modelo trazido pela Lei nº 12.230/2021. Agora, com a peculiaridade de uma diferenciação mais sofisticada, que distingue não apenas em grau, mas também quanto à própria sanção aplicada. De toda forma, cuida-se de tratar desigualmente situações desiguais, como já era feito.

Informação bibliográfica deste texto, conforme a NBR 6023:2018 da Associação Brasileira de Normas Técnicas (ABNT):

VORONOFF, Alice. Comentários ao Enunciado nº 15. *In*: FORTINI, Cristiana; GODINHO, Heloísa Helena A. M.; BASTOS JUNIOR, Luiz Magno P.; SANTOS, Rodrigo Valgas dos (Coord.). *Comentários aos Enunciados do IBDA*: mudanças na Lei de Improbidade Administrativa. Belo Horizonte: Fórum, 2024. p. 87-89. ISBN 978-65-5518-727-4.

[1] ÁVILA, Humberto. *Teoria dos princípios*. 7. ed. São Paulo: Malheiros, 2007. p. 158.

# COMENTÁRIOS AO ENUNCIADO Nº 16

**ANA MARIA BARATA**
**CRISTIANA FORTINI**
**MARILENE MATOS**

**Enunciado nº 16: Os prazos processuais na ação de improbidade administrativa serão computados em dias úteis na forma do art. 219 do Código de Processo Civil.**

O Enunciado nº 16, debatido ao longo dos meses de reuniões e aprovado em plenária realizada em Pirenópolis, aborda a forma de contagem dos prazos processuais nas ações de improbidade administrativa.

Trata-se de tema que, a despeito de sua (aparente) singeleza, guarda inegável e importante conexão com o princípio constitucional do devido processo legal, o qual alberga, além das garantias de índole material, regras procedimentais que irão vincular tanto o Estado – acusador – quanto o réu, impondo disciplina e isonomia às atuações estatais no âmbito do direito administrativo sancionador. Portanto, a questão dos prazos estabelecidos na Lei de Improbidade Administrativa (LIA), na sua versão alterada de forma substancial pela Lei nº 14.230/21, merece atenção e cuidado exegético, de forma a preservar direitos e garantias fundamentais.

Depreende-se da LIA um claro intento normativo de possibilitar a confluência de disposições do Código de Processo Civil (CPC) ao processo de improbidade administrativa. Há diversas remissões explícitas ao CPC, das quais se pode exemplificar a indisponibilidade de bens, em que as regras relativas ao regime da tutela de urgência serão aplicadas, no que couber, sendo que a decisão judicial relacionada a esse assunto pode ser objeto de agravo, conforme os §§8º e 9º do art. 16. No que se refere à desconsideração da personalidade jurídica, o §15 do art. 17 determina também a observância de regras do CPC. Quanto aos requisitos da sentença em ações de improbidade, há também a determinação de que devem observar disposições da lei processual, segundo dicção do *caput* do art. 17-C.

No mesmo sentido, o art. 17 prevê que a ação de improbidade seguirá o procedimento comum previsto no CPC, salvo regras especificas contidas na Lei de Improbidade. No tocante à inicial, dita o dever de lealdade processual e remete aos deveres das partes, fazendo expressa referência dos arts. 77 e 80 do CPC.

Ponto central e que interessa à presente análise diz respeito à metodologia de cálculo de prazos: se em dias úteis ou corridos. Isso porque, a despeito da determinação da aplicação de regras processuais do CPC, o legislador, em alguns pontos da norma, fez menção expressa à contagem do prazo em dias corridos e em outros dispositivos utilizou apenas a palavra "dias".

No tocante à primeira situação, de contagem expressamente prevista em "dias corridos", pode-se exemplificar os dispositivos relativos à prescrição das penas previstas na norma: §1º do art. 23 (suspensão do prazo prescricional pela instauração do inquérito policial por 180 dias corridos); §2º do mesmo dispositivo (prazo para conclusão do inquérito civil de 365 dias corridos).

A seu turno, não há a menção a dias corridos no §3º do art. 23, que estabelece o prazo de 30 (trinta) dias para propositura da respectiva ação após encerramento do prazo previsto no §2º. Interessante observar-se também a menção a "dias" e não a "dias corridos" no prazo estabelecido de 5 (cinco) dias para a oitiva do réu como um dos requisitos estabelecidos no §3º do art. 16 para declaração da indisponibilidade de bens, além do convencimento do julgador quanto à probabilidade da ocorrência dos atos descritos na petição inicial (*fumus boni iuris*) e do perigo de dano irreparável ou de risco ao resultado útil do processo (*periculum in mora*).

Inexiste também a alusão a "dias corridos" no §10-A do art. 17, que prevê o prazo máximo de 90 (noventa) dias para as partes solicitarem interrupção de prazo para contestação, em existindo a possibilidade de solução consensual, bem como no §2º do art. 20, que prevê como prazo máximo de afastamento do agente público para preservar a instrução processual ou evitar prática de novos ilícitos 90 (noventa) dias, prorrogáveis uma única vez por igual prazo, mediante decisão motivada. O prazo em dias e não em dias corridos consta também da redação do §7º do art. 17, que prevê 30 (trinta) dias de prazo para apresentação de contestação.

Ao que parece, o "silêncio" do legislador quanto à sistemática da contagem de alguns prazos deixando de determinar que sejam em "dias corridos" significa uma legítima opção de que tais prazos sigam a sistemática do CPC disposta no art. 219 – que sejam contados em dias úteis.

Com efeito, há que se considerar a disposição do art. 15 do CPC, que estabelece a aplicação supletiva e subsidiária de suas normas, na ausência de disposições que regulem processos eleitorais, trabalhistas ou administrativos. O dispositivo foi objeto de análise pelo Supremo Tribunal Federal, que, por meio do acordão proferido na ADI nº 5.492, firmou posição a favor da sua constitucionalidade, ao argumento de que a aplicação subsidiária dos prazos do CPC não importaria em afronta ao pacto federativo, já que o dispositivo não cerceia a capacidade de os entes federados se organizarem e estabelecerem ritos e regras para seus processos administrativos. Caso, todavia, se omitam, as regras do CPC seriam aplicadas.

Assim, afiguram-se possíveis duas interpretações: a primeira e mais evidente é a que entende que o legislador quando intentou fazer com que os prazos fossem contados em dias corridos assim o determinou de forma expressa, entendendo-se, *contrario sensu*, que a não explicitação significa a escolha pela contagem em dias úteis; a segunda exegese seria pela aplicação subsidiária da sistemática dos dias úteis prevista no CPC, ante o caráter subsidiário da aplicação de suas normas, o que inclui o art. 219, ante omissões da LIA. Ambas as interpretações conduzem à mesma conclusão: prazos previstos na LIA em que não esteja expressamente utilizada a expressão "dias corridos" devem ser contados em dias úteis.

Neste sentido, importante mencionar o ensinamento de Caio Mário Cavalcanti,[1] segundo o qual:

> Quanto ao modo de contagem do prazo, como tal tema é omisso na Lei de Improbidade Administrativa, aplica-se subsidiariamente o art. 219 e o art. 224, ambos do Código de Processo Civil, que versam, respectivamente, que a contagem dos prazos processuais far-se-á em dias úteis, excluindo-se o dia do começo e incluindo-se o dia final.

Ademais, há que se considerar o disposto na Lei de Introdução às Normas do Direito Brasileiro (LINDB), cujo art. 4º prevê que "Quando

[1] CAVALCANTI, Caio Mário Lana. *Comentários à Lei de Improbidade Administrativa*. [s.l.]: CEEJ, 2020. p. 408.

a lei for omissa, o juiz decidirá o caso de acordo com a analogia, os costumes e os princípios gerais de direito". O que fortalece a posição defendida pelo IBDA.

Por fim e não menos importante, cabe situar o tema em consonância com os cânones do direito sancionador do Estado, a fim de interpretar as normas da forma mais favorável ao réu. Nesse sentido, faz-se importante considerar que prazos contados em dias úteis e, portanto, mais longos, guardam potencial de melhor guarnecer a ampla defesa, o que se faz relevante diante da gravidade das sanções e demais repercussões negativas que podem advir de um processo por improbidade administrativa. Reafirme-se que, inclusive, no âmbito do processo administrativo sancionatório, várias recomendações têm sido efetivadas, no sentido da aplicação do art. 219 do CPC, por força do art. 15 do mesmo diploma.

## Referências

CAVALCANTI, Caio Mário Lana. *Comentários à Lei de Improbidade Administrativa.* [s.l.]: CEEJ, 2020.

Informação bibliográfica deste texto, conforme a NBR 6023:2018 da Associação Brasileira de Normas Técnicas (ABNT):

BARATA, Ana Maria; FORTINI, Cristiana; MATOS, Marilene. Comentários ao Enunciado nº 16. *In*: FORTINI, Cristiana; GODINHO, Heloísa Helena A. M.; BASTOS JUNIOR, Luiz Magno P.; SANTOS, Rodrigo Valgas dos (Coord.). *Comentários aos Enunciados do IBDA*: mudanças na Lei de Improbidade Administrativa. Belo Horizonte: Fórum, 2024. p. 91-94. ISBN 978-65-5518-727-4.

# COMENTÁRIOS AO ENUNCIADO Nº 17

**CLOVIS BEZNOS**
**KARINA HOUAT HARB**

**Enunciado nº 17: A ação de protesto interruptivo de prescrição é incabível na ação de improbidade administrativa, tendo em vista as hipóteses de interrupção taxativamente previstas no art. 23, §4º, da Lei nº 8.429/92.**

## 1 Ação cautelar de protesto

A ação cautelar de protesto, de jurisdição voluntária, tem por finalidade interromper o curso da prescrição, razão pela qual deve ser ajuizada antes do escoamento de seu prazo, devendo, além de atender às condições da ação, demonstrar o legítimo interesse na sua propositura como pressuposto para tanto.

Utilizada corriqueiramente nas esferas cível e tributária, com fundamento legal nas previsões de possibilidade de interrupção da prescrição mediante protesto nos arts. 202, II, do Código Civil brasileiro, e 174, parágrafo único, II do Código Tributário Nacional – com previsão de aplicação, por força do art. 726, §2º do CPC, no que couber, do quanto disposto na Seção II do seu Capítulo XV, que trata dos procedimentos de jurisdição voluntária –, a ação cautelar de protesto como forma interruptiva na prescrição cível e tributária tem, ainda, seu cabimento firmado na jurisprudência do Superior Tribunal de Justiça.[1]

De outra banda, buscando estender o prazo de prescrição para ajuizamento de ações de improbidade, ao argumento de complexidade da investigação dos atos de improbidade que dificultam sua conclusão em prazo hábil, passou o Ministério Público a valer-se, de forma atípica

---

[1] A título de exemplo, *vide* REsp nº 1.739.044/RJ, Rel. Min. Herman Benjamin, Segunda Turma. *DJe*, 26 nov. 2018; AgInt no AREsp nº 450.620/PE, Rel. Min. Benedito Gonçalves, Primeira Turma. *DJe*, 28 ago. 2017; AgInt no AREsp nº 882.919/SP, Rel. Min. Humberto Martins, Primeira Turma. *DJe*, 28 jun. 2016.

ao que se tinha em relação às esferas cível e tributária, da ação cautelar de protesto como meio de interrupção do referido prazo, gerando divergências que acenderam o debate acerca do cabimento desta medida na seara da improbidade administrativa.

Nesse contexto, para dirimir a questão e eliminar a insegurança jurídica causada, surge a necessidade de aprofundamento sobre o tema, motivo que o trouxe para a II Jornada de Enunciados do IBDA, da qual culminou como proposta de contribuição a elaboração do Enunciado nº 17, aprovado na Plenária de Pirenópolis/GO, objeto do presente artigo sobre o qual se passa a tratar.

## 2 Ação cautelar de protesto e a improbidade administrativa: Lei nº 14.230/21 e a segurança jurídica

A questão central debatida, que culminou no enunciado em comento, gira em torno da indagação sobre o cabimento da ação cautelar de protesto para ajuizamento das ações de improbidade administrativa, isto é, saber se a ação cautelar de protesto é instrumento hábil à interrupção do prazo prescricional para ajuizamento de ação de improbidade administrativa previsto no art. 23 da Lei nº 8.429/92.[2]

Para que se alcance a resposta, há que se partir da análise da compatibilidade do sistema trazido pela Lei de Improbidade Administrativa com o da cautelar do protesto, previsto no Código Civil brasileiro.

Nesse sentido, não bastasse para fundamentar a resposta negativa à indagação *supra*, a regra de hermenêutica segundo a qual as disposições de lei especial prevalecem sobre as de lei geral sobre determinado tema – haja vista que a Lei de Improbidade Administrativa não prevê no seu art. 23, §4º a cautelar de protesto entre as causas interruptivas de prescrição como o faz o Código Civil em seu art. 202, II – serve ainda de fundamento à negativa, a natureza distinta dos regimes jurídicos aplicáveis: um público, de caráter sancionatório, o outro privado, de natureza civil.

Assim, incompatível o protesto interruptivo da prescrição, instituto de natureza exclusivamente privada que confere faculdade de agir ao particular para resguardar direito próprio, com o sistema da

[2] Alterado pela Lei nº 14.230/21.

improbidade administrativa, de natureza sancionatória objetiva que se assemelha ao direito penal, que regula o *jus puniendi* estatal.

Em que pese a doutrina e a jurisprudência de forma majoritária e por longo tempo tenham rotulado a ação de improbidade administrativa como cível, isto não tem o condão de interferir na autonomia do sistema, pois se deve tão somente à natureza da jurisdição civil na qual se insere. Trata-se, assim, de um sistema autônomo de responsabilização de origem constitucional e caráter sancionatório, conforme reconhecido expressamente na Lei de Improbidade Administrativa no seu art. 1º, §4º que, após as alterações promovidas pela Lei nº 14.230/21, determinou que ao sistema de improbidade nela disciplinado se aplicam "os princípios constitucionais do direito administrativo sancionador".

Não bastasse o dispositivo legal supracitado, a referida autonomia também pode ser inferida do *caput* do art. 12 da Lei de Improbidade Administrativa, ao dispor:

> independentemente do ressarcimento integral do dano patrimonial, se efetivo, e das sanções penais comuns e de responsabilidade, civis e administrativas previstas na legislação específica, está o responsável pelo ato de improbidade sujeito às seguintes cominações, que podem ser aplicadas isolada ou cumulativamente, de acordo com a gravidade do fato.

Ao assim dispor, a Lei de Improbidade não somente reconhece a autonomia deste sistema no ordenamento jurídico brasileiro, tanto do sistema privado de natureza civil em sentido estrito, como do sistema de direito penal, embora contemple traços semelhantes com este em razão de ambos possuírem a mesma base de origem, a sancionatória, contudo, com regimes jurídicos próprios. A natureza das sanções aplicadas impõe a análise da ação de improbidade administrativa à luz do direito administrativo sancionador.

Nesse contexto, a referida ação assume uma posição singular sendo caracterizada por medidas punitivas, relacionadas à conduta do agente público, muitas vezes resultando em sanções como perda do cargo, suspensão dos direitos políticos e multas. A aplicação de penalidades administrativas evidencia a conexão entre a improbidade e o exercício inadequado da função pública, alinhando-se com os princípios do direito administrativo sancionador, que busca preservar a integridade e a moralidade da gestão pública.

Nesse sentido, também a jurisprudência recente do Superior Tribunal de Justiça nos autos do Recurso Especial nº 1.946.275/AM (2021/0199814-3), acórdão publicado em 5.11.2021, o qual adota o entendimento de que não se pode extrair do sistema que o protesto seja causa interruptiva da prescrição de pretensão veiculada em ação por improbidade.

Deste modo, sendo de natureza sancionatória o regime jurídico da improbidade administrativa, cujas sanções possuem caráter restritivo de direitos, incabível a aplicação da ação cautelar de protesto – faculdade puramente privada prevista no ordenamento entre os procedimentos de jurisdição voluntária – como instrumento ampliativo de prazo para o Ministério Público ajuizar a ação de improbidade, tanto mais incabível o instituto do protesto judicial para este fim, por não restar contemplada tal possibilidade nas causas interruptivas da prescrição arroladas na Lei de Improbidade Administrativa no §4º do art. 23, conforme enunciado no item 17 da Jornada do IBDA, interpretação consentânea com a tão almejada segurança jurídica.

Informação bibliográfica deste texto, conforme a NBR 6023:2018 da Associação Brasileira de Normas Técnicas (ABNT):

BEZNOS, Clovis; HARB, Karina Houat. Comentários ao Enunciado nº 17. *In*: FORTINI, Cristiana; GODINHO, Heloísa Helena A. M.; BASTOS JUNIOR, Luiz Magno P.; SANTOS, Rodrigo Valgas dos (Coord.). *Comentários aos Enunciados do IBDA*: mudanças na Lei de Improbidade Administrativa. Belo Horizonte: Fórum, 2024. p. 95-98. ISBN 978-65-5518-727-4.

# COMENTÁRIOS AO ENUNCIADO Nº 18

**JULIANO HEINEN**

**Enunciado nº 18: Nas ações de improbidade administrativa, a competência da Justiça Federal é definida em razão das pessoas jurídicas de direito público previstas no art. 109, I, da Constituição da República na relação processual, e não em razão da origem dos recursos.**

## 1 Introdução

O enunciado trata da competência jurisdicional por matéria, a qual não foi regulada pela Lei nº 8.429/1992, mesmo depois das alterações propostas pela Lei nº 14.133/2021. E nem poderia, porque o tema possui reserva de constituição, ou seja, não deve ser tutelado pela legislação extravagante.[1] A competência para julgar as ações de improbidade apenas foi regulada no aspecto territorial ou de foro (o que foi feito no art. 17, §§4º-A e 5º). Então, o assunto ficou normatizado pelo art. 109, inc. I, da Constituição da República Federativa do Brasil de 1988 (CF/88):

> Art. 109. Aos juízes federais compete processar e julgar:
> I - as causas em que a União, entidade autárquica ou empresa pública federal forem interessadas na condição de autoras, rés, assistentes ou oponentes, exceto as de falência, as de acidentes de trabalho e as sujeitas à Justiça Eleitoral e à Justiça do Trabalho; [...].

Sendo *ratione personae*, a competência prevista no art. 109, inc. I, deve ser vista de modo subjetivo, ou seja, a princípio não possui relevância a simples existência de interesse da União ou das demais pessoas jurídicas ali indicadas para deslocar a competência para a Justiça

---

[1] Cf. STF, ADI nº 2.473 MC, Rel. Min. Néri da Silveira, Pleno, j. 13.9.2001.

Federal,[2] ou a simples existência de recursos federais envolvidos, ou a existência de uma política pública federal.

Então, guarde bem: a princípio, a competência da justiça federal para uma ação de improbidade administrativa ocorre quando é vítima uma das quatro entidades listadas na legislação: União, ou uma de suas autarquias, ou uma de suas fundações ou uma de suas empresas públicas. Vale a pessoa, e não a natureza da lide.[3] E, na dúvida, quem decidirá sobre o juízo competente para apreciar uma ação de improbidade é justiça federal, porque é ela quem tem atribuição para "[...] decidir sobre a existência de interesse jurídico que justifique a presença, no processo, da União, suas autarquias ou empresas públicas" (Súmula nº 150 do STJ). Caso o feito tramite na justiça federal e, porventura, a entidade listada no art. 109, inc. I, da CF/88 seja excluída da lide, caberia ao magistrado encaminhar os autos à justiça estadual – no caso, comprova-se que a vítima da improbidade não era a União, suas autarquias, fundações ou empresas públicas – conforme Súmula nº 224 do STJ. E esta decisão não poderá ser reexaminada pelo juízo estadual (Súmula nº 254 do STJ).

## 2 Lógica do dispositivo

Como vimos, o art. 109, inc. I, da CF/88 pensou a competência da justiça federal a partir da Administração Pública sob viés subjetivo. Dois critérios podem parametrizar a ideia de "administração pública":[4]

(a) sob o sentido subjetivo, é entendido como um conjunto de regras e princípios que visam a organizar e a compor órgãos e pessoas jurídicas;
(b) sob o sentido objetivo, compreende a regulação das atividades do Estado destinadas à satisfação concreta e imediata dos interesses públicos.

---

2 STF, RE nº 172.708, Rel. Min. Moreira Alves, 1ª Turma, j. 28.9.1999; STF, AgR no AI nº 814.728, Rel. Min. Ricardo Lewandowski, 1ª Turma, j. 8.2.2011.

3 "[...] a competência da Justiça Federal, prevista no art. 109, I, da Constituição Federal, é fixada, em regra, em razão da pessoa (competência ratione personae), levando-se em conta não a natureza da lide, mas, sim, a identidade das partes na relação processual" (STJ, CC nº 105.196-RJ, Rel. Min. Benedito Gonçalves, Primeira Seção. *DJe*, 22 fev. 2010).

4 CASETTA, Elio. *Compendio di diritto amministrativo*. Milano: Giuffrè, 2015. p. 1; OLIVEIRA, Fernando Andrade de. *Direito administrativo* – Origens, perspectivas e outros temas. Curitiba: Juruá, 2003. p. 147.

Então, a competência para as ações de improbidade deverá ser pensada a partir do viés "(a)", sendo que "As causas em que a União for autora serão aforadas na seção judiciária onde tiver domicílio a outra parte" (art. 109, §1º). A presença de uma autarquia federal já atrairia a competência,[5] ou a necessidade de reparação de danos em empresa pública federal atrai a incidência do dispositivo constitucional mencionado, cabendo à justiça federal processar e julgar ação de improbidade pertinente.[6]

## 3 Não atraem a competência da Justiça Federal para julgar atos de improbidade administrativa

### 3.1 Sociedade de economia mista federal

Ficou claro pelo texto do dispositivo constitucional em questão que um ato de improbidade praticado em face à sociedade de economia mista, ou seja, àquela empresa estatal em que o Poder Público não detém cem por cento das ações, não atrai, por si só, a competência da justiça federal. Ainda que a Suprema Corte nacional estivesse a tratar de outros assuntos que não a improbidade, o tema já foi objeto de várias súmulas. Confira STF, Súmula nº 556: "É competente a Justiça comum para julgar as causas em que é parte sociedade de economia mista". E complemente este verbete a Súmula nº 517, também da Suprema Corte: "As sociedades de economia mista só têm foro na Justiça Federal, quando a União intervém como assistente ou opoente", a Súmula nº 511: "Compete à Justiça Federal, em ambas as instâncias, processar e julgar as causas entre autarquias federais e entidades públicas locais, inclusive mandados de segurança, ressalvada a ação fiscal, nos termos da CF de 1967, art. 119, §3º", e a Súmula nº 508: "Compete à Justiça estadual, em ambas as instâncias, processar e julgar as causas em que for parte o Banco do Brasil S.A.".

---

5 STF, AgR no RE nº 545.199, Rel. Min. Ellen Gracie, 2ª Turma. *DJe*, 18 dez. 2009.

6 STF, AgR no RE nº 555.395, Rel. Min. Eros Grau, 2ª Turma, j. 10.2.2009.

### 3.2 "Sistema S" ou paraestatais ou serviços sociais autônomos

Ainda que se verifique um ato corruptivo perante o patrimônio de uma entidade desta natureza, compete à justiça estadual julgar o tema, dada a personalidade de entidade privada.[7]

### 3.3 Concessionária de serviço público federal

Em se tratando de empresa concessionária de serviço público, a rigor a competência é da justiça estadual para julgar uma ação de improbidade.[8] Não é porque o ato de improbidade atinge um serviço público federal que a ação seria necessariamente proposta na justiça federal. Haveria de se provar que uma das entidades listadas no art. 109, inc. I, da CF/88 é vítima do ato.

## 4 Verbas federais incorporadas por estado ou município

O STJ fixou duas súmulas (nº 208[9] e nº 209)[10] do STJ que tratavam do tema. Contudo, elas se relacionavam ao âmbito cível (direito privado) ou provinham da Terceira Seção do Superior Tribunal, que é competente para a matéria criminal. Em suma, convencionaram dizer que bastava o interesse da União ou de suas autarquias para deslocar a competência para a justiça federal.[11] Contudo, na matéria de improbidade, a lógica é diversa, e demarcada *ratione personae*, sem que se permita relativizações neste sentido, à luz do art. 109, inc. I, da CF/88. Então, a simples existência de verba federal, quanto mais incorporada por estado ou município, não atrai a jurisdição federal. É necessária a presença das já citadas entidades na relação processual, seja como autor, réu, assistente ou oponente. Assim, compete ao juízo estadual, suscitado, o julgamento

---

[7] Era o caso do Sebrae (Serviço Brasileiro de Apoio às Micro e Pequenas Empresas) (STF, RE nº 414.375, Rel. Min. Gilmar Mendes, 2ª Turma, j. 31.10.2006; STF, RE nº 366.168, Rel. Min. Sepúlveda Pertence, 1ª Turma, j. 3.2.2004).

[8] STF, AgR no AI nº 388.982, Rel. Min. Carlos Velloso, 2ª Turma, j. 1º.10.2002.

[9] STJ, Súmula nº 208: "Compete à Justiça Federal processar e julgar prefeito municipal por desvio de verba sujeita a prestação de contas perante órgão federal".

[10] STJ, Súmula nº 209: "Compete à Justiça Estadual processar e julgar prefeito por desvio de verba transferida e incorporada ao patrimônio municipal".

[11] STJ, REsp nº 1.325.491-BA, Rel. Min. Og Fernandes, Segunda Turma. *DJe*, 25 jun. 2014.

do feito.[12] O Supremo Tribunal Federal encaminha seu entendimento no mesmo sentido.[13] Ademais, "[...] o simples fato de as verbas estarem sujeitas à prestação de contas perante o Tribunal de Contas da União, por si só, não justifica a competência da Justiça Federal".[14] Claro que o interesse da União pode surgir e atrair a competência da justiça federal quando ela tem o dever de apurar desvirtuamentos na execução de programas ou políticas públicas federais, notadamente quando se está diante de desvios de recursos públicos.[15]

## 5 O problema do Sistema Único de Saúde (SUS)

Até aqui, ficou claro, diante dos inúmeros julgados citados, que a competência da justiça federal para analisar ações de improbidade depende exclusiva e absolutamente da presença das pessoas mencionadas no inc. I do art. 109 da CF/88. E que a política pública, ou a presença de verbas federais etc. não atrairia por si só tal jurisdição.

Essa regra não é aplicada ao Sistema Único de Saúde (SUS). "A Justiça Federal é competente para processar e julgar as ações de improbidade administrativa que possuam o objetivo de recompor o patrimônio federal lesado mediante desvio de verbas do Sistema Único de Saúde SUS".[16]

Informação bibliográfica deste texto, conforme a NBR 6023:2018 da Associação Brasileira de Normas Técnicas (ABNT):

HEINEN, Juliano. Comentários ao Enunciado nº 18. *In*: FORTINI, Cristiana; GODINHO, Heloísa Helena A. M.; BASTOS JUNIOR, Luiz Magno P.; SANTOS, Rodrigo Valgas dos (Coord.). *Comentários aos Enunciados do IBDA*: mudanças na Lei de Improbidade Administrativa. Belo Horizonte: Fórum, 2024. p. 99-103. ISBN 978-65-5518-727-4.

---

12 STJ, AgRg no CC nº 143.460-PA, Rel. Min. Assusete Magalhães, 1ª Seção, j. 26.10.2016.

13 STF, AgR no ARE nº 1.249.436, Rel. Min. Cármen Lúcia, 2ª Turma, j. 16.6.2020.

14 STJ, AgRg no CC nº 142.455- PB, Rel. Min. Mauro Campbell Marques, 1ª Seção, j. 15.6.2016. No mesmo sentido: STF, AgR no RE nº 589.840, Rel. Min. Cármen Lúcia, Primeira Turma, j. 10.5.2011.

15 STF, ACO nº 1.281, voto da rel. Min. Cármen Lúcia, Pleno, j. 13.10.2010.

16 STF, AgR nº ARE nº 1.015.386, Rel. Min. Ricardo Lewandowski, 2ª Turma, j. 21.09.2018; STF, RE nº 1.366.243 RG, Rel. Min. Luiz Fux, j. Pleno, 8.9.2022 (Tema nº 1.234).

# COMENTÁRIOS AO ENUNCIADO Nº 19

**MARCIO AUGUSTO MOURA DE MORAES**
**VICTOR RUSSO FRÓES RODRIGUES**

> **Enunciado nº 19: Nas ações de improbidade em curso, o marco inicial do prazo de prescrição previsto no art. 23, §5º, da Lei nº 8.429/92 é a data da entrada em vigor da Lei nº 14.230/21.**

A prescrição intercorrente foi introduzida no âmbito do sistema de tutela da improbidade administrativa por meio da Lei Federal nº 14.230/2021. Em linhas gerais, o art. 23, §5º da nova Lei de Improbidade Administrativa (LIA) estabeleceu o prazo de 4 (quatro) anos entre os marcos interruptivos descritos no §4º do mesmo dispositivo que, uma vez transcorrido, atrai de ofício ou a requerimento da parte interessada, a prescrição intercorrente da pretensão, nos exatos termos do §8º do citado artigo.

Assim, os processos ajuizados a partir do advento da Lei Federal nº 14.230/2021 estarão, sem maiores dúvidas, sujeitos à prescrição intercorrente. No entanto, e quanto aos processos que iniciaram antes do advento da nova LIA? Aplica-se o novo regime prescricional? O novo diploma legal não trouxe regras de transição.

Desta forma, surgiram diversas interpretações sobre a retroatividade ou não da nova Lei de Improbidade, sobretudo divididas em dois grandes grupos:

1) A norma mais benéfica retroage: este posicionamento defende que a regra do art. 5º, inc. XL da Constituição Federal de 1988, no sentido de que "a lei penal não retroagirá, salvo para beneficiar o réu", deve ser base interpretativa dos atos de improbidade em face da similitude ontológica entre o direito administrativo sancionador e o direito penal, corrente que ganhou força em vista da nova redação do art. 1º §4º c/c art. 17-D da LIA. Citem-se alguns julgados do STJ neste sentido:

a) AgInt no REsp nº 2.024.133/ES; b) REsp nº 1.153.083/MT; c) AgInt no RMS nº 65.486/RO.

2) A norma mais benéfica não retroage: esta corrente adota o entendimento de que a retroação da lei mais benéfica ao réu deve se restringir ao campo do direito penal, não alcançando o direito administrativo sancionador e, no caso específico da Lei de Improbidade, não a alcança, também, por possuir natureza civil.

Além disso, a norma constitucional que estabelece a retroatividade da lei penal mais benéfica é norma de exceção, que deve ser interpretada restritivamente, e funda-se em peculiaridades únicas desse ramo do direito, o qual está vinculado à liberdade do criminoso (princípio do *favor libertatis*), fundamento inexistente no direito administrativo sancionador. Citem-se alguns julgados do STF neste sentido: a) RE nº 1.445.312 AgR-segundo/RJ; b) ARE nº 1.019.161 – AgR/SP.

Diante desses dois grandes grupos de interpretação e do fracionamento de julgados após a vigência da Lei nº 14.230/2021, o Supremo Tribunal Federal, por meio da sistemática de julgamento de recursos repetitivos, decidiu unificadamente a matéria da retroatividade (ou alguns aspectos mais imediatos dessa retroatividade).

O Supremo Tribunal Federal, em agosto de 2022, ao julgar o Recurso Extraordinário nº 843.989 PR (Tema nº 1.199), em que foi discutido se a nova Lei de Improbidade retroagiria ou não, entendeu, entre outras coisas, que a prescrição nunca poderá ser prevista em lei futura que, ao diminuir o prazo prescricional, se aplique retroativamente ao Poder Público ou à parte que foi diligente e atuou dentro dos prazos então previstos na legislação vigente à época, o que caracterizaria verdadeiro efeito surpresa e abrupta alteração da legislação vigente, na contramão do princípio da segurança jurídica, do acesso à Justiça e da proteção da confiança, devendo ser preservados os atos praticados validamente antes da alteração legislativa. Assim, o item 4 da tese fixada pelo STF assim definiu: "O novo regime prescricional previsto na Lei 14.230/2021 é IRRETROATIVO, aplicando-se os novos marcos temporais a partir da publicação da lei".

Desta forma, o Enunciado nº 19 aprovado após deliberação dos juristas reunidos na Jornada sobre a Nova Lei de Improbidade, ao estabelecer que, "nas ações de improbidade em curso, o marco inicial do prazo de prescrição previsto no art. 23, §5º, da Lei nº 8.429/92 é a data da entrada em vigor da Lei nº 14.230/21", está em consonância e reforça o que foi decidido pelo STF no Tema nº 1.199.

Nesse sentido, a aprovação do enunciado leva fortemente em consideração os argumentos de que a prescrição intercorrente tem natureza de norma processual e, portanto, atrai a aplicação do art. 14 do Código de Processo Civil, que aduz que "a norma processual não retroagirá e será aplicável imediatamente aos processos em curso". Trata-se, portanto, de uma discussão de direito intertemporal que se rege pela aplicação do princípio processual *tempus regit actum*.

Do mesmo modo, entendeu-se pela prevalência da posição que privilegia a segurança jurídica, a teor do art. 6º da Lei de Introdução às Normas do Direito Brasileiro (LINDB), que fixa que "a Lei em vigor terá efeito imediato e geral, respeitados o ato jurídico perfeito, o direito adquirido e a coisa julgada".

Registre-se, ainda, que posicionamento análogo foi tomado em relação à aplicação das normas que entraram em vigor a partir do Código de Processo Civil de 2015, que em suas disposições transitórias, especificamente no art. 1.056, estabeleceu como termo inicial do prazo da prescrição intercorrente, para as execuções em curso, a data de início da vigência do CPC.

Em conclusão, a despeito do entendimento pessoal destes autores, que se filiam à corrente que pugna pela retroatividade das normas mais benéficas aos réus em matéria de improbidade como consequência dos princípios constitucionais do direito administrativo sancionador, não resta dúvida de que o Enunciado nº 19 está em sintonia com o precedente vinculante do STF (Tema nº 1.199) e com a legislação atualmente vigente (art. 6º da LINDB e art. 14 c/c art. 1.056, ambos do CPC), o que vem reforçar que a partir da vigência da nova LIA, ou seja, a partir de 26.10.2021, passou a fluir o prazo prescricional intercorrente para as ações de improbidade em curso.

Informação bibliográfica deste texto, conforme a NBR 6023:2018 da Associação Brasileira de Normas Técnicas (ABNT):

MORAES, Marcio Augusto Moura de; RODRIGUES, Victor Russo Fróes. Comentários ao Enunciado nº 19. *In*: FORTINI, Cristiana; GODINHO, Heloísa Helena A. M.; BASTOS JUNIOR, Luiz Magno P.; SANTOS, Rodrigo Valgas dos (Coord.). *Comentários aos Enunciados do IBDA*: mudanças na Lei de Improbidade Administrativa. Belo Horizonte: Fórum, 2024. p. 105-107. ISBN 978-65-5518-727-4.

# COMENTÁRIOS AO ENUNCIADO Nº 20

MARCELO LUÍS ABREU E SILVA

**Enunciado nº 20: O direito do réu de ser interrogado deve ser exercido como último ato da instrução processual nas ações de improbidade administrativa.**

O direito administrativo sancionador ocupa-se com a disciplina do poder punitivo do Estado em face de ilícitos associados à Administração e ao exercício da atividade pública. No seu objeto situam-se as sanções de natureza extrapenal cujo teor ultrapassa a simples reparação do dano à pessoa estatal lesada. Assim como as sanções penais, as disciplinadas pelo direito administrativo possuem um caráter aflitivo imanente.

A amplitude desse espectro torna o direito administrativo sancionador ramo jurídico transcendente à atuação das autoridades administrativas. É que, além das sanções aplicadas no exercício da função administrativa, a lei pode atribuir ao Poder Judiciário a competência de impor sanções decorrentes de ilícitos qualificados como administrativos, na medida em que violam bens jurídicos ligados à função pública.

Exemplo contundente do sancionamento judicial a ilícitos administrativos está na Lei de Improbidade Administrativa. Neste caso, as normas materiais de direito administrativo dependerão, instrumentalmente, do direito processual civil, como ramo jurídico que disciplina o exercício da jurisdição civil.

É evidente, porém, que as normas processuais da LIA possuem natureza especial em relação às normas gerais de processo, pois a improbidade administrativa, à luz da ordem constitucional vigente, representa ilícito autônomo, com sanções específicas que não se acomodam noutras categoriais de ilicitude previstas no direito.

Ao reconhecer expressamente a autonomia do direito administrativo sancionador, determinando a aplicação de suas regras e princípios ao sistema de improbidade administrativa, a LIA não poderia dispor senão de um procedimento garantista que efetivasse os direitos dos acusados em face de possíveis excessos dos órgãos persecutórios.

Além das inovações materiais relativas à caracterização do ato de improbidade, a LIA passou a exigir maior ônus processual do Estado, como também fortaleceu o direito de defesa. A razão da maior proteção conjuga-se com a própria advertência do legislador no sentido de que a ação por ato de improbidade administrativa possui caráter repressivo e sancionatório.

O direito administrativo sancionador e direito penal são manifestações do poder punitivo do Estado e descendem da própria Constituição. Logo, o estatuto constitucional de proteção dos acusados se aplica a ambos os ramos jurídicos. Não significa que deve ser aplicado de maneira necessariamente igual. Cumpre respeitar a opção do legislador em reprimir o comportamento ilícito por um ou outro ramo (ou até por ambos), já que em cada seara responsiva se faz um balanceamento entre a efetividade da resposta sancionatória e as ferramentas processuais de garantia de acusado.

Deduz-se, pois, que apenas a incidência das normas gerais de direito processo civil jamais se prestaria a atender aos imperativos constitucionais de proteção aos acusados. O princípio do devido processo, em sua perspectiva material, não restaria satisfeito. Exige-se do legislador a criação de procedimentos especiais com vistas à adequada proteção dos interesses em jogo, a exemplo das normas processuais para tutela da probidade administrativa.

A LIA tratou do interrogatório apenas no art. 14, §18, ao estabelecer que "ao réu será assegurado o direito de ser interrogado sobre os fatos de que trata a ação, e a sua recusa ou o seu silêncio não implicarão confissão". Alinhando-se ao direito processual penal, tratou o interrogatório como direito do acusado. Logo, também aqui, o réu dele pode se utilizar como for mais vantajoso, ajustando-o como estratégia de defesa, sem implicar comportamento processualmente desleal.

Todavia, houve lacuna da LIA em relação ao momento em que o direito poderá ser exercido. No direito processual penal, o interrogatório representa o derradeiro ato da audiência de instrução em julgamento. Tal se observa tanto no procedimento comum (CPP, art. 400), no sumário (CPP, art. 531) e no sumaríssimo (Lei nº 9.099/95, art. 81). Essa posição do interrogatório se faz necessária na medida em que potencializa o exercício o direito de defesa, afinando-o ao sistema acusatório democrático, em que cabe ao réu falar por último, reagindo a todo o acervo probatório constituído pela acusação.

Posto isso, seria louvável que o legislador da LIA também dispusesse nesse mesmo sentido. Contudo, por reconhecer o interrogatório como um direito e a ação de improbidade como demanda de natureza sancionatória e repressiva, dita omissão jamais poderia ser interpretada como menosprezo ao momento em que referida garantia será exercida, razão pela qual deverão ser invocadas, analogamente, as normas de processo penal.

Assim, o enunciado teve o propósito de espancar qualquer dúvida sobre o momento processual do interrogatório. Mesmo em se tratando de jurisdição civil, o interrogatório deve ser realizado ao término da instrução processual, a exigir do magistrado a adaptação do procedimento de modo a conferir maior efetividade a tal instrumento de defesa do acusado.

Informação bibliográfica deste texto, conforme a NBR 6023:2018 da Associação Brasileira de Normas Técnicas (ABNT):

SILVA, Marcelo Luís Abreu e. Comentários ao Enunciado nº 20. *In*: FORTINI, Cristiana; GODINHO, Heloísa Helena A. M.; BASTOS JUNIOR, Luiz Magno P.; SANTOS, Rodrigo Valgas dos (Coord.). *Comentários aos Enunciados do IBDA*: mudanças na Lei de Improbidade Administrativa. Belo Horizonte: Fórum, 2024. p. 109-111. ISBN 978-65-5518-727-4.

# COMENTÁRIOS AO ENUNCIADO Nº 21

**MARÇAL JUSTEN FILHO**
**CAROLINE MARIA VIEIRA LACERDA**

> **Enunciado nº 21: A ação de improbidade administrativa não deve ser utilizada como sucedâneo da ação civil pública.**

A reforma promovida na Lei de Improbidade Administrativa pela Lei nº 14.230, de 25.10.2021, submeteu a ação de improbidade a regras processuais próprias. A nova LIA vedou a aplicação das normas atinentes à ação civil pública e a utilização da ação de improbidade para controle da regularidade de políticas públicas.

O art. 17-D da LIA determina:

> A ação por improbidade administrativa é repressiva, de caráter sancionatório, destinada à aplicação de sanções de caráter pessoal previstas nesta Lei, e não constitui ação civil, vedado seu ajuizamento para o controle de legalidade de políticas públicas e para a proteção do patrimônio público e social, do meio ambiente e de outros interesses difusos, coletivos e individuais homogêneos.

Essa disposição legal não se contrapõe à natureza jurídica cível da LIA, uma vez que, ao estabelecer que "não constitui ação civil", o dispositivo faz referência à *ação civil pública*.

Esse entendimento pode ser confirmado pela segunda parte do dispositivo, que prevê que seu ajuizamento é vedado para controle de legalidade de políticas públicas e para a proteção do patrimônio público e social, do meio ambiente e de outros interesses difusos, coletivos e individuais homogêneos.

O conteúdo normativo do art. 17-D consiste em vedar a utilização da ação de improbidade administrativa como sucedâneo da ação civil pública e em estabelecer que o controle de políticas públicas não é compatível com a ação de improbidade. A despeito de ser uma ação cível, a ação de improbidade administrativa se distingue da ação civil pública.

Isso não implica suprimir o controle relativo às políticas públicas ou a proteção dos bens jurídicos relevantes, como o patrimônio público e o meio ambiente. A alternativa adequada para o exercício dessa tutela jurisdicional aos interesses difusos, coletivos e homogêneos consiste na ação civil pública.

A referência formal à natureza repressiva e sancionatória da ação de improbidade administrativa implica sancionamento pessoal do agente que agiu em improbidade. Trata-se de ação com caráter eminentemente repressivo, destinada a aplicar penalidades. Sob esse aspecto, ela é marcadamente diferente da ação civil pública.

A legitimidade para proposição da ação de improbidade administrativa, segundo o texto legal, é privativa do Ministério Público. Contudo, o Supremo Tribunal Federal declarou a inconstitucionalidade desse dispositivo e fixou o entendimento segundo o qual a legitimidade ativa é concorrente entre o Ministério Público e o ente lesado pelo ato ímprobo.[1]

Nas palavras do Ministro Teori Zavascki, "o ponto de referência, aqui, já não é o de preservar ou recompor o patrimônio público ou os atos da administração (objetivo primordial da ação civil pública e da ação popular), mas sim, fundamentalmente, o de punir os responsáveis por atos de improbidade".[2]

Por outro lado, a ação civil pública, disciplinada pelo art. 129, III, da Constituição Federal, regulamentado pela Lei Federal nº 7.347/1985, destina-se à obtenção de sentença condenatória ou de cumprimento de obrigação de fazer ou não fazer, em virtude de danos morais e patrimoniais causados a interesses difusos ou coletivos indicados em lei.

A legitimidade ativa para a ação civil pública é reservada aos entes políticos, às entidades da Administração indireta, ao Ministério Público, à Defensoria Pública e à associação que estiver constituída há pelo menos um ano e que inclua em suas finalidades institucionais a defesa dos valores arrolados no art. 1º da Lei nº 7.347/1985. Deve haver um vínculo de pertinência entre o objeto da ação e a função ou os fins norteadores da atividade e das competências do autor.

O microssistema coletivo é voltado para tutelar o direito material, a fim de proteger o autor durante o trâmite procedimental. No

---

1 STF. ADIs nºs 7.042/DF e 7.043/DF, Rel. Min. Alexandre de Moraes. *DJe*, n. 170, 25 ago. 2022.

2 ZAVASCKI, Teori Albino. *Processo coletivo*: tutela de direitos coletivos e tutela coletiva de direitos. 7. ed. São Paulo: RT, 2017. p. 101.

microssistema do processo acusatório punitivo da improbidade, a proteção procedimental é outorgada ao réu, que é considerado a parte mais vulnerável da relação. São, portanto, sistemas incompatíveis em um mesmo processo.

## Referências

AMARAL, Paulo Osternack; WATANABE, Doshin. *Manual do processo de improbidade administrativa*. [s.l.]: Thoth, 2023.

CUNHA FILHO, Alexandre Jorge Carneiro da; ISSA, Rafael Hamze; SCHWIND, Rafael Wallbach (Ed.). *Lei de Introdução às Normas do Direito Brasileiro*: anotada. São Paulo: Quartier Latin, 2019.

JUSTEN FILHO, Marçal. *Curso de direito administrativo*. 14. ed. Rio de Janeiro: Forense, 2023.

JUSTEN FILHO, Marçal. *Reforma da Lei de Improbidade Administrativa comentada e comparada*: Lei 14.230, de 25 de outubro de 2021. Rio de Janeiro: Forense, 2022.

LACERDA, Caroline Maria Vieira. *Os impactos da Lei de Introdução às Normas do Direito Brasileiro nas ações de improbidade administrativa*. Belo Horizonte: Fórum, 2021.

MENDES, Gilmar Ferreira; BRANCO, Paulo Gustavo Gonet. *Curso de direito constitucional*. 16. ed. São Paulo: Saraiva, 2021.

NEVES, Daniel Amorim Assumpção; OLIVEIRA, Rafael Carvalho Rezende. *Improbidade administrativa*: direito material e processual. Rio de Janeiro: Forense, 2022.

PIRES, Luis Manuel Fonseca; MARQUES, Vitor. O reencontro da improbidade administrativa com o propósito da Constituição Federal de 1988. *In*: DAL POZZO, Augusto Neves; OLIVEIRA, José Roberto Pimenta. *Lei de Improbidade Administrativa reformada*. São Paulo: Thomson Reuters Brasil, 2022.

ZAVASCKI, Teori Albino. *Processo coletivo*: tutela de direitos coletivos e tutela coletiva de direitos. 7. ed. São Paulo: RT, 2017.

Informação bibliográfica deste texto, conforme a NBR 6023:2018 da Associação Brasileira de Normas Técnicas (ABNT):

JUSTEN FILHO, Marçal; LACERDA, Caroline Maria Vieira. Comentários ao Enunciado nº 21. *In*: FORTINI, Cristiana; GODINHO, Heloísa Helena A. M.; BASTOS JUNIOR, Luiz Magno P.; SANTOS, Rodrigo Valgas dos (Coord.). *Comentários aos Enunciados do IBDA*: mudanças na Lei de Improbidade Administrativa. Belo Horizonte: Fórum, 2024. p. 113-115. ISBN 978-65-5518-727-4.

# COMENTÁRIOS AO ENUNCIADO Nº 22

**JUSCIMAR PINTO RIBEIRO**
**LAÍS AMÂNCIO DE QUEIROZ PEREIRA**

> **Enunciado nº 22: A presunção de inocência é garantia processual do direito administrativo sancionador e, portanto, incide na ação de improbidade administrativa.**

Ao tratar de direito administrativo sancionador e do procedimento para apuração de ato de improbidade administrativa, fala o Enunciado nº 22 sobre a aplicação do princípio da presunção de inocência como a regra do rito previsto pela Lei nº 8.439/1992 e alterações pela Lei nº 14.230/2021.

Esse é um pressuposto ao processamento dos autos, um limitador de atuação do julgador e uma garantia constitucional do acusado.

É sabido que, com o fortalecimento e consolidação dos conceitos de Estado de direito, houve igual necessidade de fortalecer os conceitos de responsabilidade do agente público praticante de condutas atentatórias ao erário, à moralidade e à ética públicas.

Dessa aspiração, a Constituição Federal de 1988, art. 37, §4º, foi clara ao dizer que tais atos importariam em severas penas, como a suspensão dos direitos políticos, perda da função pública e indisponibilidade dos bens, além do ressarcimento ao erário se fosse o caso, sem prejuízo da ação penal eventualmente cabível, na forma da lei, no caso, a Lei nº 8.439/1992 – Lei de Improbidade Administrativa (LIA).

Tratando-se de um direito que visa sancionar o agente acusado de ato reprovável, tem-se uma aproximação do direito administrativo do direito penal, sendo que o primeiro faz uso de preceitos do segundo para respaldar suas diretrizes básicas. Dos instrumentos que foram aproveitados pelo direito administrativo sancionador estão os princípios garantidores da defesa do acusado, como a presunção de inocência (art. 5º, LVII, CF/88). Por conseguinte, é ônus da Administração Pública ou do Ministério Público autor da ação a prova da existência, da materialidade, da autoria e da qualificação do fato narrado como de improbidade administrativa.

Apesar de num contexto atual de Estado de direito parecer intrínseca a aplicação da presunção de inocência em qualquer procedimento administrativo ou judicial, nem sempre foi o caso. Em verdade, um exemplo paralelo próximo seria a Lei Complementar nº 5/1970, antecessora da Lei Complementar nº 64/1990, que considerava inelegíveis aqueles que estivessem respondendo a processo judicial instaurado por denúncia do Ministério Público e recebido pela autoridade judiciária competente, enquanto não absolvidos ou penalmente reabilitados, em crime contra a Administração Pública.

É importante lembrar que o princípio da presunção de inocência e o direito administrativo somente vieram a se robustecer no mundo após a Revolução Francesa e da Declaração dos Direitos do Homem e do Cidadão de 1789, sendo que, até então, o processo não era um instrumento de justiça, mas de desígnios e arbitrariedades do julgador, que tinha a possibilidade, inclusive, de se valer de meios cruéis para obter confissões. Piormente, o agente público era visto como uma entidade diluída no próprio conceito de Estado, não sendo, nesse diapasão, titular de direitos individuais ou coletivos.

Por aplicação da teoria do órgão, muito difundida e ainda contemplada no direito brasileiro atual, o agente público não passava de uma mera representação do Estado, laborando por meio de atos administrativos com o cunho essencialmente regulador e/ou restritivo às liberdades do particular. Aliás, a noção contemporânea de juridicidade na qual o Estado só pode atuar em obediência à lei para regular e restringir a ação do particular, quando se voltava à apuração e sanção do agente público faltoso, sem a plena aplicação das garantias da Declaração dos Direitos do Homem e do Cidadão de 1789, cuidava de mera ação unilateral do Estado, por motivos de mero vácuo legal e impermeabilidade estatal. Entendia-se que a gestão pública numa relação clássica essencialmente estatutária seria feita por atos cuja posição do servidor é de subordinação agravada, sendo seu dever aceitá-la e ser-lhe leal, não podendo ter interesses contrapostos aos do Estado, o que poderia facilmente acarretar no ferimento dos seus direitos fundamentais.

No direito brasileiro contemporâneo, a Constituição Federal de 1988 foi expressa ao dar a garantia da presunção de inocência até o devido trânsito em julgado da sentença penal condenatória. Embora trate de princípio essencialmente veiculado ao direito penal, sua ordem é constitucional e pilar de direitos humanos, razão pela qual é aplicado extensivamente a outros ramos do direito, prevenindo abusos estatais com a imposição de sanções arbitrárias, incoerentes ou injustas.

Ademais, a demora na definição das questões judiciais, que é imputável à própria máquina judicial, seja por sobrecarga ou por falta de estrutura, ocasionando no excessivo alongamento dos processos, não pode, em qualquer circunstância, representar a eternização da condição de "culpado" do réu. O princípio da presunção de inocência resulta um pressuposto negativo, onde o Estado fica vedado de atuar sobre o acusado sem indícios suficientes pautados em autos próprios de autoria, materialidade e culpabilidade.

É corolário do postulado do devido processo legal, já que a imposição de sanção e a perda de *status* jurídico de inocente devem ser antecedidos de legítimo, regular e dialético processo, que, em regra, se encerra com o trânsito em julgado.

Assim, no âmbito do direito administrativo sancionador, portanto, da improbidade administrativa, enquanto a sanção pressupõe a culpa, apenas o trânsito em julgado a confirma. E a abrangência deve ser ampla o suficiente para abarcar todo comportamento do poder público e do Poder Judiciário tendente à sanção de indivíduos investigados, denunciados ou acusados (garantia de segurança em face do Estado), seja em processo administrativo ou judicial.

Dessa premissa decorrem diversos efeitos, entre eles o ônus da prova de quem acusa, a impossibilidade de aplicação de medidas acautelatórias sem a demonstração de indícios suficientes do dolo do agente, tal como a indisponibilidade de bens (*vide* Enunciados IBDA nºs 24, 25 e 26), o direito ao silêncio, o direito de o réu ser interrogado como último ato da instrução processual (*vide* Enunciado IBDA nº 20) e o direito a recorrer.

Informação bibliográfica deste texto, conforme a NBR 6023:2018 da Associação Brasileira de Normas Técnicas (ABNT):

RIBEIRO, Juscimar Pinto; PEREIRA, Laís Amâncio de Queiroz. Comentários ao Enunciado nº 22. *In*: FORTINI, Cristiana; GODINHO, Heloísa Helena A. M.; BASTOS JUNIOR, Luiz Magno P.; SANTOS, Rodrigo Valgas dos (Coord.). *Comentários aos Enunciados do IBDA*: mudanças na Lei de Improbidade Administrativa. Belo Horizonte: Fórum, 2024. p. 117-119. ISBN 978-65-5518-727-4.

# COMENTÁRIOS AO ENUNCIADO Nº 23

**ANDRÉ SADDY**
**FRANCISCO ZARDO**

**Enunciado nº 23: A decretação de indisponibilidade de bens, em caráter cautelar, deve advir de indícios da existência de dolo específico acompanhados da demonstração do *periculum in mora*.**

## 1 Medida de indisponibilidade de bens

A conduta que enseja improbidade administrativa é particularmente deletéria à Administração Pública, mais ainda, quando alcança a esfera patrimonial, incorrendo em situações como o enriquecimento ilícito do agente ou de danos ao erário público.[1] Nessas circunstâncias, são necessários mecanismos de efetivação das sanções econômicas, sob o risco de esvaziamento da importância das ações de improbidade em diversos casos concretos.[2] Tal é o papel que visa cumprir a medida cautelar de indisponibilidade de bens.

Define Marçal Justen Filho[3] que a indisponibilidade de bens é uma providência acautelatória, destinada a assegurar a efetivação do ressarcimento ao erário – o qual também não se enquadra no âmbito da indenização por perdas e danos. Em outras palavras, a indisponibilidade de bens significa o bloqueio cautelar dos bens do indiciado ou réu, incluindo contas bancárias, veículos, semoventes, imóveis etc., no curso de um inquérito civil ou no curso do processo judicial de ação de

---

1 SILVA, Luiz Antônio Miranda Amorim. A indisponibilidade de bens e a desconsideração de personalidade jurídica em ações de improbidade administrativa. *Boletim Científico ESMPU*, Brasília, ano 18, n. 53, p. 307-322, jan./jun. 2019. p. 308.

2 SILVA, Luiz Antônio Miranda Amorim. A indisponibilidade de bens e a desconsideração de personalidade jurídica em ações de improbidade administrativa. *Boletim Científico ESMPU*, Brasília, ano 18, n. 53, p. 307-322, jan./jun. 2019. p. 308.

3 JUSTEN FILHO, Marçal. *Reforma da Lei de Improbidade Administrativa comentada e comparada*: Lei 14.230, de 25 de outubro de 2021. Rio de Janeiro: Forense, 2022. p. 23.

improbidade, visando assegurar o ressarcimento ao erário, evitando que o agente dilapide seus bens ou repasse para terceiros.[4]

Embora se trate de medida cautelar, o instituto da indisponibilidade de bens compõe o gênero das tutelas de evidência e se sujeita a regime jurídico próprio – principalmente em razão das peculiaridades e dos objetivos da referida ação –[5] encontrando-se regulado, atualmente, pelo art. 16 da Lei nº 8.429/1992 (com redação dada pela Lei nº 14.230/2021), e não exatamente pelo rito e pelos requisitos insertos no Código de Processo Civil.[6]

A solicitação da medida ao agente acusado de improbidade administrativa – que tenha agido dolosamente e gerado enriquecimento ilícito e/ou acarretado danos ao patrimônio público – deve ser realizada pelo Ministério Público ou pela pessoa jurídica lesada,[7] em conformidade ao art. 16 da Lei nº 8.429/1992, com alterações pela Lei nº 14.230/2021.

Quando acatado o pedido, o patrimônio do sujeito torna-se indisponível à sua circulação, disposição e qualquer ato que incorra no seu repasse a outrem. A importância dessa medida para garantir a boa administração da coisa pública e infringir consequência direta à prática de ato ímprobo decorre da própria Constituição Federal (art. 37, §4º).

Para a melhor tratativa das regras e limites à aplicação da medida constitucional de decretação da indisponibilidade de bens, tratou-se de versar sobre a medida em norma específica, qual seja a Lei nº 8.429/1992, com notórias modificações apresentadas pela Lei nº 14.230/2021.

---

[4] FARIAS, Márcio de Almeida. Indisponibilidade cautelar de bens em ações civis públicas por atos de improbidade administrativa. *Revista de Direito Administrativo e Gestão Pública*, Florianópolis, v. 7, n. 2, p. 1-20, jul./dez. 2021. p. 11-12.

[5] FERNANDES, Og. O regime da cautelar de indisponibilidade de bens nos domínios da Lei de Improbidade Administrativa e a hermenêutica formada pelo Superior Tribunal de Justiça. *Superior Tribunal de Justiça – Doutrina: edição comemorativa 25 anos*, 2015. p. 263. Disponível em: https://www.stj.jus.br/publicacaoinstitucional/index.php/Dout25anos/article/view/1113/1047. Acesso em: 3 out. 2023.

[6] BOMTEMPO, Otávio Augusto Vieira. Novos paradigmas da decretação da indisponibilidade de bens na ação de improbidade administrativa. *In*: VASCONCELOS, Adalyson Wagner Sousa de (Coord.). *Direito e Sociedade 3*. Ponta Grossa: Atena, 2019. Recurso eletrônico. p. 85.

[7] Embora o art. 17 na redação da Lei nº 14.230/2021 tenha excluído a legitimidade ativa da pessoa jurídica lesada, o STF restabeleceu-a nas ADIs nºs 7.042 e 7.043: "7. Ação julgada parcialmente procedente para (a) declarar a inconstitucionalidade parcial, com interpretação conforme sem redução de texto, do caput e dos §§6º-A e 10-C do art. 17, assim como do caput e dos §§5º e 7º do art. 17-B, da Lei 8.429/1992, na redação dada pela Lei 14.230/2021, de modo a restabelecer a existência de legitimidade ativa concorrente e disjuntiva entre o Ministério Público e as pessoas jurídicas interessadas para a propositura da ação por ato de improbidade administrativa e para a celebração de acordos de não persecução civil" (ADIs nºs 7.042 e 7.043, Rel. Min. Alexandre de Moraes, Tribunal Pleno, j. 31.8.2022).

## 2 Indisponibilidade de bens na Nova Lei de Improbidade Administrativa (Lei nº 14.230/2021)

### 2.1 Limites à decretação da indisponibilidade de bens

Harmônicos ao texto constitucional, o art. 16 e parágrafos da Lei nº 8.429/1992 – com nova redação oferecida pela Lei nº 14.230/2021 – dão forma e gradação à aplicação da medida. As mudanças apresentadas pela Lei nº 14.230/2021 serviram para o esclarecimento do instituto da indisponibilidade de bens ao deixar claro que o seu intuito é o de *garantir a integral recomposição do erário ou do acréscimo patrimonial resultante de enriquecimento ilícito*. Ou seja, valores extras, a exemplo da multa, não podem ser incluídos no pedido, e muito menos no decreto de indisponibilidade.[8]

Assim, compreende-se que entendimentos como o adotado pelo Superior Tribunal de Justiça, no Tema Repetitivo nº 1.055,[9] pela possibilidade de incidência de multa civil na medida patrimonial constritiva, devem ser atualizados.[10]

As disposições do art. 16, §§3º e 4º, não deixam margem a dúvidas sobre a necessidade de demonstração de risco ou potencial dano irreparável, que concernem ao *periculum in mora*, para a instituição da indisponibilidade de bens. Não é medida que pode advir de liberalidade ou mera presunção do magistrado, o qual deve estar convencido da probabilidade da ocorrência dos atos descritos na petição inicial com fundamento nos respectivos elementos de instrução.

---

8 COPOLA, Gina. A indisponibilidade de bens na Nova Lei de Improbidade Administrativa. *Revista Síntese de Direito Administrativo*, São Paulo, ano XVII, n. 197, maio 2022. p. 18.

9 "É possível a inclusão do valor de eventual multa civil na medida de indisponibilidade de bens decretada na ação de improbidade administrativa, inclusive naquelas demandas ajuizadas com esteio na alegada prática de conduta prevista no art. 11 da Lei 8.429/1992, tipificador da ofensa aos princípios nucleares administrativos" (STJ, Tema Repetitivo nº 1.055, REsp nº 1.862.792/PR, Primeira Seção, Rel. Min. Manoel Erhardt, j. 28.8.2021).

10 Em razão da superveniência da Lei nº 14.230/2021, decisões monocráticas no âmbito do STJ têm deixado de aplicar o Tema nº 1.055, excluindo da indisponibilidade o valor da multa: "Ora, como é possível inferir, a nova disciplina legal da matéria não mais permite que a medida constritiva alcance o valor de eventual multa civil. Convém ressaltar que se trata de norma de direito processual, a qual tem aplicação imediata, como vêm decidindo os Ministros integrantes da Primeira e da Segunda Turmas desta Corte. Nessa linha de percepção, menciono, como exemplos, as seguintes decisões monocráticas: AREsp 2.108.544/MG, Relatora Ministra Assusete Magalhães, DJe 6/6/2023; REsp 2.035.351/PR, Relator Ministro Herman Benjamin, DJe 31/5/2023; REsp 2.062.942/PR, Relator Ministro Gurgel de Faria, DJe 23/5/2023" (STJ, REsp nº 2.023.163, Rel. Min. Sérgio Kukina, j. 8.11.2023).

Determina-se, ainda, que a indisponibilidade de bens seja decretada somente após a oitiva do réu no prazo de 5 (cinco) dias, sendo factível a inexistência desse prévio contraditório apenas diante de comprovada hipótese de frustração da efetividade da medida ou demais circunstâncias que recomendem a proteção liminar. De nenhuma forma, a urgência pode ser presumida.

Exige-se, desse modo, que a dispensa da oitiva do requerido seja motivada, vista a citada ordenação constitucional de que a privação de bens não pode ocorrer sem o devido processo legal, o que engloba o direito ao contraditório e à ampla defesa do réu.

Com essas novas e propositadas indicações apresentadas pela Lei nº 14.230/2021, os posicionamentos que entendiam pela inexigibilidade da urgência e pela suficiência de uma pressuposição de risco ou de dano na situação concreta, para o atendimento da solicitação de indisponibilidade de bens, encontram-se defasados. O Tema Repetitivo nº 701,[11] do Superior Tribunal de Justiça, está superado[12] pelos novos termos legais.

Acerca do espaço decisório disponível ao juiz na imposição da indisponibilidade de bens, encontram-se, também, limites quantitativos. Veda-se, então, o alcance indiscriminado aos bens do acusado, pois o valor a se tornar indisponível considera a estimativa de dano causado ao patrimônio público ou do enriquecimento ilícito obtido pelo agente, indicado na petição inicial. É o que informa o §6º do art. 16 da nova LIA.

Além disso, a indisponibilidade deve recair sobre os bens que assegurem exclusivamente o integral ressarcimento da lesão ao erário, apartando a sua incidência sobre eventuais valores a título de multa

---

[11] STJ, Tema Repetitivo nº 701, REsp nº 1366721/BA, Primeira Seção, Rel. Min. Napoleão Nunes Maia Filho, j. 26.2.2014. Foi a tese fixada pelo Tribunal: "É possível a decretação da "indisponibilidade de bens do promovido em Ação Civil Pública por Ato de Improbidade Administrativa, quando ausente (ou não demonstrada) a prática de atos (ou a sua tentativa) que induzam a conclusão de risco de alienação, oneração ou dilapidação patrimonial de bens do acionado, dificultando ou impossibilitando o eventual ressarcimento futuro".

[12] O seguinte acórdão evidencia a superação do precedente: "1. A nova redação da Lei n. 8.429/1992, dada pela Lei n. 14.230/2021, passou a exigir a demonstração do requisito da urgência, além da plausibilidade do direito invocado, para o deferimento da indisponibilidade de bens em sede de ação de improbidade administrativa. 2. Por possuir natureza de tutela provisória de urgência cautelar, podendo ser revogada ou modificada a qualquer tempo, a decisão de indisponibilidade de bens reveste-se de caráter processual, de modo que, por força do art. 14 do CPC/2015, a norma mencionada deve ter aplicação imediata ao processo em curso" (AgInt no REsp nº 2.059.096/PE, Rel. Min. Gurgel de Faria, Primeira Turma, j. 2.10.2023. *DJe*, 4 out. 2023).

civil ou sobre acréscimo patrimonial decorrente de atividade lícita, nos termos do §10 do art. 16 do mesmo diploma.

Afora as indicadas, são diversas as novas limitações impostas pela Lei nº 14.230/2021 para determinar bens indisponíveis do sujeito que responde por improbidade administrativa. Uma das principais mudanças modificaram, também, o âmago do conceito de improbidade, com a exigência de dolo específico para a configuração de ato ímprobo, o que será mais bem explanado adiante.

## 2.2 Decretação de indisponibilidade de bens e a exigência de dolo específico

Essas disposições apresentadas pela hodierna redação da Lei de Improbidade Administrativa alinham-se à ressignificação que a norma fez sobre o próprio significado de conduta ímproba.

A partir do exame do art. 1º, §§1º, 2º e 3º e do art. 17-C, §1º, da Lei nº 14.230/2021, verifica-se que, para o enquadramento da conduta como improbidade administrativa, a norma passou a exigir o chamado dolo específico, que é a vontade livre e consciente do agente em atingir uma finalidade ilícita. Afastam-se, portanto, os atos culposos ou de dolo "presumido", porque é necessário que o sujeito atue com autônomo desejo de angariar resultado indevido.

Logo, o dolo do agente como elemento subjetivo da conduta deve ser direto (quando há vontade de produzir o resultado ilícito) ou eventual (quando se assume o risco de alcançar a consequência indevida).

Qualquer controvérsia gerada pela exigibilidade do novo critério foi dirimida pelo Supremo Tribunal Federal no Tema nº 1.199,[13] o qual discutiu a (ir)retroatividade das disposições da Lei nº 14.230/2021, especialmente em relação à presença do elemento subjetivo dolo, para a configuração do ato de improbidade administrativa, inclusive no art. 10 da lei; e a aplicação dos novos prazos de prescrição geral e intercorrente. No julgamento, a Corte decidiu pela necessidade de comprovação da responsabilidade subjetiva do agente para configurar ato administrativamente ímprobo, com a requisição de que, nas condutas previstas nos arts. 9º, 10 e 11 da nova lei, houvesse o elemento subjetivo dolo.

A concessão da cautelar de indisponibilidade de bens passa a demandar maior zelo em sua análise, tomando em vista a gravidade

[13] STF, Tema nº 1.199, ARE nº 843.989/PR, Plenário, Rel. Min. Alexandre de Moraes, j. 18.2.2022.

das sanções envolvidas, a dimensão restritiva de direitos fundamentais afetados e a severidade no tocante aos requisitos quanto à aceitabilidade da ação.[14]

Por tudo, fica claro que as novidades normativas tornaram necessária, para a determinação da indisponibilidade de bens, não apenas a averiguação do *fumus boni juris* e do *periculum in mora* na hipótese concreta, mas também o indício da prática de conduta verdadeiramente ímproba, isto é, que tenha sido desempenhada com dolo específico.

O que busca o novel diploma normativo, diz Michael Graça,[15] é impedir, por vezes, a ação temerária dos órgãos de fiscalização, os quais, com a chancela judicial, bloqueiam bens expressivos sem que haja sequer indícios fortes da participação da pessoa afetada ou mesmo da existência de provas robustas do próprio ato de improbidade.

Não se tenta desconfigurar, com isso, a importância da medida de indisponibilidade de bens como um meio eficaz e oportuno à garantia do ressarcimento das lesões causadas ao erário e do retorno ao que foi recolhido indevidamente (enriquecimento ilícito). Entretanto, como ressalta Luiz Fernando Casagrande Pereira *et al.*,[16] corre-se o risco de dizer o óbvio: a indisponibilidade é uma medida cautelar, e não uma sanção. Portanto, deve ser aplicada como tal.

Informação bibliográfica deste texto, conforme a NBR 6023:2018 da Associação Brasileira de Normas Técnicas (ABNT):

SADDY, André; ZARDO, Francisco. Comentários ao Enunciado nº 23. *In*: FORTINI, Cristiana; GODINHO, Heloísa Helena A. M.; BASTOS JUNIOR, Luiz Magno P.; SANTOS, Rodrigo Valgas dos (Coord.). *Comentários aos Enunciados do IBDA*: mudanças na Lei de Improbidade Administrativa. Belo Horizonte: Fórum, 2024. p. 121-126. ISBN 978-65-5518-727-4.

[14] STF, Tema nº 1.199, ARE nº 843.989/PR, Plenário, Rel. Min. Alexandre de Moraes, j. 18.2.2022.

[15] GRAÇA, Michael. Nova lei de improbidade garante segurança jurídica a empresários e combate abusos na decretação de indisponibilidade de bens. *Migalhas*, 23 nov. 2021. Disponível em: https://www.migalhas.com.br/depeso/355347/nova-lei-de-improbidade-garante-seguranca-juridica-a-empresarios. Acesso em: 5 out. 2023.

[16] PEREIRA, Luiz Fernando Casagrande; MARCHESI, Bruna Lícia Pereira; VALÕES, Rodrigo Pavan de. Automáticas e perpétuas indisponibilidades de bens nas ações de improbidade: a importância da posição dissonante do Ministro Napoleão. *Revista de Processo*, São Paulo, ano 46, v. 321, p. 257-276, nov. 2021. p. 259.

# COMENTÁRIOS AO ENUNCIADO Nº 24

**RODRIGO SANTOS NEVES**
**MARIA TEREZA FONSECA DIAS**

> **Enunciado nº 24: A indisponibilidade de bens prevista no art. 16 da Lei nº 8.429/1992 tem cabimento exclusivamente nas hipóteses de enriquecimento ilícito (art. 9º) ou de dano ao erário (art. 10), não se estendendo às hipóteses do art. 11.**

## 1 Introdução

A Lei nº 14.230/2021 trouxe importantes alterações na Lei nº 8.429/1992, notadamente a exigência da prática de dolo específico para a configuração de atos de improbidade administrativa[1] e a restrição na decretação de indisponibilidade de bens aos réus na ação de improbidade.

O presente ensaio tem por objeto a medida de indisponibilidade de bens e o seu âmbito de aplicação, com a finalidade de contribuir para o debate sobre o tema, especialmente considerando o Enunciado nº 24 proferido no evento II Enunciados do IBDA – Jornadas de Pirenópolis – Mudanças na Lei de Improbidade Administrativa, realizado pelo Instituto Brasileiro de Direito Administrativo no ano de 2023.[2]

## 2 O que é e para que serve a indisponibilidade de bens?

De modo a se antecipar a tutela jurisdicional ou, pelo menos, garantir meios para que futura decisão de mérito possa ser cumprida pela parte vencida na lide, a legislação processual prevê medidas que

---

[1] Sobre o tema cf. DIAS, Maria Tereza; FONTENELLE, Bruno. Mudanças na Lei de Improbidade Administrativa: normas benéficas devem retroagir para beneficiar os réus. *Migalhas*, 2021. Disponível em: https://www.migalhas.com.br/depeso/356085/mudancas-na-lei-de-improbidade-administrativa-normas-beneficas.

[2] Cf. os enunciados produzidos em: https://enunciados.ibda.com.br/.

proporcionem efetividade ao resultado útil do processo. Tais medidas são ainda relevantes no contexto brasileiro devido à prestação jurisdicional demorada, volume crescente de processos, reduzido número de órgãos julgadores e períodos em que os processos permanecem parados à espera da próxima etapa processual e do extenso número de recursos cabíveis.

Em ações judiciais de natureza patrimonial, é possível que o magistrado se utilize de um mecanismo que impossibilite a dilapidação patrimonial de uma das partes, com o objetivo de garantir o cumprimento de eventual decisão de mérito.

É nesse contexto que a decretação de indisponibilidade de bens é utilizada, para que as partes não venham a promover a transferência de bens com o objetivo de se escusarem do cumprimento de eventual sentença condenatória.

Para viabilizar a utilização desta medida, o Conselho Nacional de Justiça criou, por meio do Provimento CNJ nº 39/2014, a Central Nacional de Indisponibilidade, que abrange todo o patrimônio imobiliário de uma pessoa e pode ser livremente consultada por seus usuários.[3] Também pode ser utilizado o sistema Sisbajud, que permite a penhora *on-line* de ativos financeiros,[4] além do Renajud, para o bloqueio de veículos.

No entanto, quando se propõe a pergunta sobre o que é a indisponibilidade de bens, quer se saber qual é a sua natureza jurídica. A leitura apressada do Texto Constitucional pode levar à conclusão de que se trata de penalidade pela prática de atos de improbidade administrativa.[5]

Contudo, a indisponibilidade é medida que se impõe para garantir o cumprimento de decisão futura. Ora, se o resultado da decisão de mérito[6] não é a indisponibilidade de bens, mas sim a condenação ao ressarcimento ao erário ou a perda de bens adquiridos ilicitamente, aquela medida tem apenas função acautelatória.[7] Portanto, a indisponibilidade de bens, prevista no art. 16 da Lei nº 8.429/1992, tem natureza

---

[3] NEVES, Rodrigo Santos. *Direito das sucessões*. 3. ed. Rio de Janeiro: CEEJ, 2023. p. 529. O provimento está disponível em: https://atos.cnj.jus.br/files/compilado1643572023032964246acdefbdc.pdf.

[4] Ver art. 854, *caput* e §§1º a 9º, do CPC.

[5] Veja art. 37, §4º, CR/88.

[6] Aqui o texto se refere ao pedido principal na ação de improbidade administrativa.

[7] As medidas cautelares não objetivam a satisfação da pretensão autoral, mas sim criar condições que possibilitem o resultado útil do processo. Neste sentido veja: GAJARDONI, Fernando da Fonseca. Artigo 16. *In*: GAJARDONI, Fernando da Fonseca *et al.* (Org.). *Comentários à*

cautelar. Não se trata de medida que se justifica por si mesma, mas tem a finalidade de garantir o cumprimento da futura decisão de mérito, com a eventual condenação do agente público processado ao ressarcimento ao erário ou à perda de bens adquiridos ilicitamente, em razão do exercício do cargo público.

## 3 Qual deve ser a abrangência da indisponibilidade?

A Lei nº 14.320/2021 restringiu a tipologia dos atos de improbidade, impôs limites ao ajuizamento da ação, bem como à decretação de indisponibilidade de bens, com o seu condicionamento à fundamentação adequada da decisão,[8] conforme mudança introduzida no art. 16 da Lei nº 8.429/1992.

O primeiro aspecto a ser considerado é a abrangência da indisponibilidade de bens, para verificar se ela pode recair sobre a totalidade do patrimônio de uma pessoa, indistintamente, ou sobre bens específicos, a depender da utilidade da medida, como móveis, imóveis, veículos, contas bancárias, aplicações financeiras em instituições nacionais ou estrangeiras, aeronaves etc.[9]

A indisponibilidade deverá recair apenas sobre bens avaliados que bastem para possibilitar o cumprimento da futura decisão de mérito e poderá ser substituída por caução idônea, fiança bancária ou seguro-garantia judicial, a requerimento do réu.[10]

A indisponibilidade não poderá inviabilizar a subsistência do réu nem a sua atividade empresária, obedecida a lista prioritária constante no §11, do art. 16, da Lei nº 8.429/1992, bem como não poderá ser aplicada a cadernetas de poupança, aplicações financeiras ou em contas-correntes até o limite de quarenta salários-mínimos (§13) nem sobre bem de família, salvo se este foi fruto de enriquecimento ilícito (§14).

A outra questão a ser considerada sobre a abrangência da medida cautelar é relativa à tipologia do ato. Sabe-se que são atos de improbidade aqueles que provocam o enriquecimento ilícito do agente público

---

*nova Lei de Improbidade Administrativa*: Lei 8.429/1992, com as alterações da Lei 14.230/2021. 6. ed. São Paulo: Thomson Reuters Brasil, 2023. p. 284.

8 NEVES, Rodrigo Santos. *Direito fundamental à boa administração*: a função administrativa a serviço da efetividade dos direitos fundamentais. 3. ed. Rio de Janeiro: CEEJ, 2024. p. 223.

9 Ver art. 16, §2º, da Lei nº 8.429/1992.

10 Ver art. 16, §§6º e 10, da Lei nº 8.429/1992.

(art. 9º) ou de terceiros, os que causam prejuízo ao erário (art. 10) e os que violem os princípios da Administração Pública (art. 11).

Neste contexto, a medida cautelar de indisponibilidade de bens pode ser aplicada indistintamente em qualquer caso de improbidade administrativa ou deve ser aplicada a alguns casos específicos?

Diante disso, há que se considerar que qualquer medida cautelar tem finalidade específica, que é a garantia do cumprimento da decisão de mérito. Ora, o bloqueio patrimonial só tem utilidade prática em se tratando de ação condenatória ou se a ação tiver como objetivo a partilha patrimonial. Como já se viu, a referida medida sequer pode servir para garantir valores eventualmente aplicados à título de multa civil (§10, art. 16).

A indisponibilidade de bens poderá ser decretada nos casos de improbidade administrativa, derivados de danos ao erário ou de enriquecimento ilícito do agente ou de terceiros, em razão do exercício de cargo ou função pública. Em tais situações, entre as penalidades aplicáveis, previstas no art. 12, estão a perda de bens acrescidos ilicitamente ao patrimônio do agente e a reparação do dano ao patrimônio público. Por haver na decisão de mérito caráter patrimonial, a medida cautelar pode ser justificada, em caso de perigo de dilapidação de bens por parte do agente, para tentar se escusar da sua responsabilidade. Tal circunstância não se presume, pois a indisponibilidade não pode ser utilizada como sanção pela prática de atos de improbidade, nem haver o desprezo aos direitos fundamentais do contraditório, da ampla defesa e do devido processo legal (§4º, do art. 16).[11]

Na hipótese de violação a princípios da Administração Pública, como a penalidade de natureza pecuniária é apenas a multa civil, a própria lei já proíbe que a indisponibilidade considere tal penalidade (§10). Portanto, não cabe a decretação da medida cautelar de indisponibilidade de bens na hipótese de prática de ato de improbidade previsto no art. 11 da lei.[12]

---

[11] Portanto, com as alterações introduzidas pela Lei nº 14.230/2021, ficou superada a tese firmada no Recurso Repetitivo do Tema nº 701, do STJ.

[12] No mesmo sentido ver: AGRA, Walber de Moura. *Comentários sobre a Lei de Improbidade Administrativa*. 3. ed. Belo Horizonte: Fórum, 2022. p. 342.

## 4 Conclusão

Após as observações sobre as alterações introduzidas pela Lei nº 14.230/2021 sobre a Lei de Improbidade Administrativa, conclui-se que:

a) as tutelas de urgência previstas no Código de Processo Civil se dividem em medidas que antecipam a tutela jurisdicional, quando no início ou no curso do processo, por meio de decisão interlocutória, se defere um ou mais pedidos de mérito, ou medidas cautelares, que têm a finalidade de garantir a efetividade da futura decisão de mérito;

b) a decretação da indisponibilidade de bens do réu na ação de improbidade administrativa tem natureza cautelar, o que exige elação direta consequencialista[13] entre a medida cautelar e as penalidades eventualmente impostas na ação judicial. Tal exigência vai ao encontro do disposto no art. 20 da LINDB, que exige a tarefa preditiva da decisão;[14]

c) considerando que a dicção do art. 16 limita a decretação da indisponibilidade de bens para a garantia do integral ressarcimento ao erário ou para alcançar o acréscimo patrimonial do agente público, não é juridicamente possível a aplicação de tal medida cautelar para os atos previstos no art. 11 (violação de princípios da Administração Pública), o que demonstra o acerto do Enunciado nº 24, da Jornada de Direito Administrativo promovida pelo IBDA, colacionado no início deste ensaio.

## Referências

AGRA, Walber de Moura. *Comentários sobre a Lei de Improbidade Administrativa*. 3. ed. Belo Horizonte: Fórum, 2022.

---

[13] Sobre o tema ver SOUSA, Horácio Augusto Mendes de. Pragmatismo e consequencialismo jurídico em tempos de Coronavírus: exame do art. 20 da Lei nº 13.655/2018 e alguns reflexos na gestão e controle públicos. *Interesse Público – IP*, Belo Horizonte, ano 22, n. 122, p. 53-96, jul./ago. 2020.

[14] GABARDO, Emerson; SOUZA, Pablo Ademir de. O consequencialismo e a LINDB: a cientificidade das previsões quanto às consequências práticas das decisões. *A&C – Revista de Direito Administrativo & Constitucional*, Belo Horizonte, ano 20, n. 81, p. 97-124, jul./set. 2020. p. 115.

DIAS, Maria Tereza; FONTENELLE, Bruno. Mudanças na Lei de Improbidade Administrativa: normas benéficas devem retroagir para beneficiar os réus. *Migalhas*, 2021. Disponível em: https://www.migalhas.com.br/depeso/356085/mudancas-na-lei-de-improbidade-administrativa-normas-beneficas.

GABARDO, Emerson; SOUZA, Pablo Ademir de. O consequencialismo e a LINDB: a cientificidade das previsões quanto às consequências práticas das decisões. *A&C – Revista de Direito Administrativo & Constitucional*, Belo Horizonte, ano 20, n. 81, p. 97-124, jul./set. 2020.

GAJARDONI, Fernando da Fonseca. Artigo 16. *In*: GAJARDONI, Fernando da Fonseca *et al.* (Org.). *Comentários à nova Lei de Improbidade Administrativa*: Lei 8.429/1992, com as alterações da Lei 14.230/2021. 6. ed. São Paulo: Thomson Reuters Brasil, 2023. p. 279-334.

NEVES, Rodrigo Santos. *Direito das sucessões*. 3. ed. Rio de Janeiro: CEEJ, 2023.

NEVES, Rodrigo Santos. *Direito fundamental à boa administração*: a função administrativa a serviço da efetividade dos direitos fundamentais. 3. ed. Rio de Janeiro: CEEJ, 2024.

SOUSA, Horácio Augusto Mendes de. Pragmatismo e consequencialismo jurídico em tempos de Coronavírus: exame do art. 20 da Lei nº 13.655/2018 e alguns reflexos na gestão e controle públicos. *Interesse Público – IP*, Belo Horizonte, ano 22, n. 122, p. 53-96, jul./ago. 2020.

Informação bibliográfica deste texto, conforme a NBR 6023:2018 da Associação Brasileira de Normas Técnicas (ABNT):

NEVES, Rodrigo Santos; DIAS, Maria Tereza Fonseca. Comentários ao Enunciado nº 24. *In*: FORTINI, Cristiana; GODINHO, Heloísa Helena A. M.; BASTOS JUNIOR, Luiz Magno P.; SANTOS, Rodrigo Valgas dos (Coord.). *Comentários aos Enunciados do IBDA*: mudanças na Lei de Improbidade Administrativa. Belo Horizonte: Fórum, 2024. p. 127-132. ISBN 978-65-5518-727-4.

# COMENTÁRIOS AO ENUNCIADO Nº 25

**MATEUS GRANER**

> **Enunciado nº 25: Os pedidos de indisponibilidade de bens deferidos antes da entrada em vigor da Lei nº 14.230/21 podem ser reapreciados à luz dos requisitos previstos no artigo 16 da Lei nº 8.429/92, com fundamento nos arts. 14 e 296 do CPC.**

O Enunciado nº 25 não trata da discussão da retroatividade da Lei nº 14.230/2021, mas sobre a sua aplicação imediata em face às tutelas provisórias que determinaram indisponibilidade de bens dos réus nas ações de improbidade. O cerne da questão é saber se as medidas de indisponibilidade decretadas antes da Lei nº 14.230/2021 poderiam ser revistas à luz dos novos requisitos do art. 16 da Lei nº 8.429/1992 ou se imperaria a lei vigente à época, no sentido de respeitar os atos processuais praticados e as situações jurídicas consolidadas sob a vigência da norma revogada.

Esta discussão é de extrema relevância, pois, a partir da antiga redação do art. 7º da Lei nº 8.429/1992, era pacífico o entendimento de que a medida cautelar de indisponibilidade de bens não estava condicionada à comprovação de que os réus estavam dilapidando o patrimônio ou com intenção de fazê-lo. Exigia-se, apenas, fundados indícios da prática do ato de improbidade (Tema nº 701 do STJ).

Já com a publicação da Lei nº 14.230/2021, os requisitos mudaram significativamente. A título exemplificativo, o §3º, do art. 16, passou a exigir demonstração de perigo de dano irreparável ou de risco ao resultado útil do processo e após a oitiva do réu em 5 (cinco) dias – salvo se comprovadamente isso pudesse frustrar a efetividade da medida ou por outras circunstâncias, não podendo ser presumida a urgência (§4º, do art. 16). Também, que a somatória dos valores declarados indisponíveis não poderá superar o montante indicado na petição inicial como dano ao erário ou como enriquecimento ilícito (§5º, do art. 16). Para a indisponibilidade de bens de terceiros, agora é necessária a demonstração da sua efetiva concorrência para os atos ilícitos – inclusive, por instauração de incidente de desconsideração de personalidade jurídica, caso se trate de pessoas jurídicas (§7º, do art. 16). Excluiu a multa civil ou outros valores da indisponibilidade, limitando-se ao integral ressarcimento do dano ao erário (§10, do art. 16), entre outros aspectos.

Expostas as principais diferenças, o §8º, do art. 16, da Lei nº 8.429/1992 (com redação da Lei nº 14.230/2021) explicitou que à indisponibilidade de bens se aplicaria o regime da tutela provisória de urgência do CPC.

Por sua vez, o art. 14, do CPC, estabelece que a norma processual não retroage, mas que é aplicável imediatamente aos processos em curso, com exceção dos atos processuais praticados e as situações jurídicas consolidadas, sob a vigência da norma revogada. E o art. 296, do CPC, diz que a tutela provisória pode, a qualquer tempo, ser revogada ou modificada.

Assim, o enunciado defende que o deferimento de indisponibilidade anterior à mencionada Lei nº 14.230/2021 não é óbice, segundo o art. 14, do CPC, a impedir a aplicação imediata das novas disposições legais sobre indisponibilidade (seja quanto à impossibilidade do perigo de dano presumido, art. 16, §4º, da Lei nº 8.429/1992, de o valor abranger multa, art. 16, §10, da Lei nº 8.429/1992, probabilidade do direito etc.).

Isto porque, conforme o art. 296, do CPC, a tutela provisória poderá ser revogada ou modificada, a qualquer tempo, como o próprio nome já indica. É dizer, sua natureza precária e não definitiva (ou consolidada) não tem o condão de impedir a reanálise à luz dos novos requisitos legais.

O art. 2º, da LINDB, estabelece que a lei terá vigor até que outra a modifique ou revogue (salvo em caso de lei com vigência temporária, o que não é o caso da Lei de Improbidade Administrativa).

Deste modo, não apenas os recursos que discutiam a indisponibilidade, no momento da publicação da Lei nº 14.230/2021, são afetados pela nova lei. Também, os demais processos em curso, ainda que a decisão de indisponibilidade não tivesse recurso pendente de julgamento.

Por fim, o enunciado utiliza o verbo "podem" ser reapreciados (e não o "devem"), pois nas discussões entendeu-se que não haveria uma obrigatoriedade de revisão automática das tutelas concedidas – interpretação que poderia ensejar, caso se utilizasse o verbo "dever". Por isso, a nova análise (à luz do novo regime jurídico da indisponibilidade) depende de pedido da parte interessada, daí porque os pedidos de indisponibilidade podem ser reapreciados.

Informação bibliográfica deste texto, conforme a NBR 6023:2018 da Associação Brasileira de Normas Técnicas (ABNT):

GRANER, Mateus. Comentários ao Enunciado nº 25. *In*: FORTINI, Cristiana; GODINHO, Heloísa Helena A. M.; BASTOS JUNIOR, Luiz Magno P.; SANTOS, Rodrigo Valgas dos (Coord.). *Comentários aos Enunciados do IBDA*: mudanças na Lei de Improbidade Administrativa. Belo Horizonte: Fórum, 2024. p. 133-135. ISBN 978-65-5518-727-4.

# COMENTÁRIOS AO ENUNCIADO Nº 26

**FERNANDA GHIURO VALENTINI FRITOLI**
**VANESSA CERQUEIRA REIS**

**Enunciado nº 26: A concessão de liminar *inaudita altera pars* para a decretação de indisponibilidade de bens.**

A concessão de liminar, *inaudita altera pars*, para a decretação de indisponibilidade de bens nas ações de improbidade administrativa, dependerá da comprovação, baseada em elementos concretos e lastreada em indícios mínimos, de que a oitiva prévia do réu poderá frustrar a efetividade da medida, ou da existência de circunstâncias que recomendem a proteção liminar.

## Introdução

O presente artigo veicula breves comentários acerca do Enunciado nº 26 do IBDA sobre o tema "improbidade administrativa", o qual foi objeto de ampla discussão e, posteriormente, aprovação em reunião plenária realizada em Pirenópolis, ao ensejo da II Jornada de Enunciados do Instituto Brasileiro de Direito Administrativo.

Explicaremos, de forma sintética, os motivos que levaram à sua elaboração e aprovação.

## O Enunciado nº 26

A Lei nº 8.429/92 sofreu alterações substanciais com o advento da Lei nº 14.230/21, o que refletiu em todo o sistema de responsabilização por atos de improbidade administrativa, impactando na interpretação e aplicação de normas de direito material e processual que disciplinam a matéria.

Entre os dispositivos introduzidos pela Lei nº 14.230/21, merecem destaque, em nossos comentários, os §§3º e 4º do art. 16 da Lei nº 8.429/92,[1] que tratam do pedido de indisponibilidade de bens.

O Grupo de Trabalho nº 6, da II Jornada de Enunciados do IBDA, responsável pelo tema "novo regime de indisponibilidade de bens", após o recebimento, apreciação e discussão das propostas apresentadas, selecionou algumas delas para serem apreciadas e deliberadas pelos membros dos demais grupos técnicos na sessão plenária, sendo que duas delas acabaram dando ensejo à aprovação do Enunciado nº 26.

A primeira delas contou com a seguinte redação:

> A concessão de liminar inaudita altera pars em sede de cautelar preparatória ou incidental nas ações de improbidade administrativa, para a decretação de indisponibilidade e de sequestro de bens, é lícita, porquanto medidas assecuratórias do resultado útil da tutela jurisdicional.

A segunda proposta sobre o tema tinha o seguinte teor:

> A concessão de liminar, inaudita altera pars, para a decretação de indisponibilidade de bens nas ações de improbidade administrativa dependerá da comprovação, baseada em elementos concretos e lastreada em indícios mínimos, de que a oitiva prévia do réu poderá frustrar a efetividade da medida ou da existência de circunstâncias que recomendem a proteção liminar.

Os membros presentes à reunião deliberaram pela edição do Enunciado nº 26, o qual consolidou, em alguma medida, os anseios contidos nas duas propostas submetidas.

Debateu-se, na ocasião, que (i) a LIA traz, como regra, a exigência de prévia oitiva do réu para a decretação da indisponibilidade de bens; (ii) há casos em que o exercício do contraditório pode ser diferido, para que não sobrevenha prejuízo para a efetividade da medida requerida, assegurando-se, assim, o resultado útil da tutela jurisdicional; (iii) a

---

[1] "§3º O pedido de indisponibilidade de bens a que se refere o caput deste artigo apenas será deferido mediante a demonstração no caso concreto de perigo de dano irreparável ou de risco ao resultado útil do processo, desde que o juiz se convença da probabilidade da ocorrência dos atos descritos na petição inicial com fundamento nos respectivos elementos de instrução, após a oitiva do réu em 5 (cinco) dias. §4º A indisponibilidade de bens poderá ser decretada sem a oitiva prévia do réu, sempre que o contraditório prévio puder comprovadamente frustrar a efetividade da medida ou houver outras circunstâncias que recomendem a proteção liminar, não podendo a urgência ser presumida".

oitiva após a decretação da indisponibilidade deve se dar em casos excepcionais e desde que existam elementos concretos e suficientes que justifiquem a sua necessidade e adequação.

O objetivo do Enunciado nº 26 foi, de um lado, reforçar a legalidade da concessão de liminar *inaudita altera pars* para a decretação de indisponibilidade de bens nas ações de improbidade administrativa; de outro, delimitar a utilização dessa medida, de modo que a exceção não se torne regra, muito menos decorra de meras presunções.

Assim, de acordo com o enunciado aprovado, nas ações de improbidade administrativa, o deferimento de liminar para a decretação de indisponibilidade de bens dos réus deverá, em regra, ser deferida *apenas após a oitiva destes*. Essa exigência (de oitiva prévia) poderá ser excepcionada, desde que *presentes os seguintes requisitos cumulativos*: (i) existência de indícios de que a oitiva prévia do réu poderá frustrar a efetividade da medida; (ii) a comprovação da presença de elementos que recomendem, à luz do caso concreto, o diferimento do contraditório em prol da proteção da medida a ser decretada.

Com isso, evita-se, de um lado, a ineficácia da medida pela prévia oitiva do acusado; de outro, abusos quando do deferimento de liminares dessa natureza, de modo que seja banida a cultura do deferimento de liminares sem a oitiva do réu e com base em presunções.

Informação bibliográfica deste texto, conforme a NBR 6023:2018 da Associação Brasileira de Normas Técnicas (ABNT):

FRITOLI, Fernanda Ghiuro Valentini; REIS, Vanessa Cerqueira. Comentários ao Enunciado nº 26. *In*: FORTINI, Cristiana; GODINHO, Heloísa Helena A. M.; BASTOS JUNIOR, Luiz Magno P.; SANTOS, Rodrigo Valgas dos (Coord.). *Comentários aos Enunciados do IBDA*: mudanças na Lei de Improbidade Administrativa. Belo Horizonte: Fórum, 2024. p. 137-139. ISBN 978-65-5518-727-4.

# COMENTÁRIOS AO ENUNCIADO Nº 27

HELOÍSA HELENA ANTONACIO M. GODINHO
BRUNO MORAES FARIA MONTEIRO BELÉM

**Enunciado nº 27: A atuação do agente público em estrita observância às orientações gerais do respectivo ente ou órgão (art. 24, parágrafo único, LINDB), ou em conformidade com manifestação prévia dotada de caráter vinculante (art. 30, parágrafo único, LINDB), afasta a configuração do dolo para fins de responsabilização por improbidade administrativa.**

O ideal de instituições públicas eficazes, éticas, fortes, responsáveis, inclusivas e transparentes figura entre os objetivos globais do pacto mundial pelas pessoas e pelo planeta, e por isso integra a Agenda das Nações Unidas (Agenda 2030), representando o Objetivo de Desenvolvimento Sustentável – ODS 16 (paz, justiça e instituições eficazes).

O combate à corrupção e à improbidade administrativa compõe as metas a serem alcançadas pelo ODS 16, como reforço ao movimento global de aprimoramento e profissionalização da Administração Pública, em prol da economicidade, eficiência, eficácia e efetividade de sua atuação.

Nesse aspecto, a Lei nº 8.429/1992 (LIA), que dispõe sobre as sanções aplicáveis e o sistema de responsabilização em virtude da prática de atos de improbidade, preocupa-se, em especial após a reforma promovida pela Lei nº 14.230/2021, com a tutela da honestidade na gestão do patrimônio público, mas agora sob a perspectiva de repreensão da atuação maliciosa e intencional do agente que causa prejuízos ao Erário e ao interesse público, resguardando aquele que age de boa-fé.

A ideia é preservar a estabilidade das relações jurídicas e os efeitos concretos decorrentes de atos, fatos e contratos administrativos, bem como conferir maior grau de realização do bem comum (execução das metas e políticas públicas programadas) e de profissionalização da gestão pública.

A reforma legislativa implementada pela Lei nº 14.230/2021 pôs fim à polêmica em relação à tipicidade do ato de improbidade na modalidade culposa, duramente criticada pela doutrina e mitigada ao longo dos anos pela jurisprudência, por conferir tratamento igualitário a agentes com intenções e comportamentos bem distintos, colando a pecha da desonestidade ao sujeito despreparado, imprudente ou negligente, porém bem-intencionado.

Assim, a partir da edição da Lei nº 14.230/2021, o agente público que causa dano ao Erário pela prática de ato ilícito, por culpa em sentido estrito, responde civil e administrativamente por suas ações, porém não mais por improbidade, dada a ausência da intenção predeterminada de prejudicar a Administração Pública e o interesse público.

Logo, o debate acerca da improbidade gira em torno de comportamentos lesivos ao Erário e à Administração que tenham por base desvios éticos e violação à moralidade, e não sobre ações faltosas de agentes em razão de seu despreparo, de excessos ou omissões não intencionais (culpa em sentido estrito), que também devem ser combatidas pelos órgãos de controle burocráticos e pelo controle social, mas em instâncias próprias.

O ato ímprobo requer uma intenção predeterminada, que irá impregná-lo do elemento subjetivo indispensável para sua configuração: o dolo. A conduta dolosa é aquela na qual o agente quer praticar o ato ilegal, consciente da reprovabilidade e da ilegalidade.[1]

Por conseguinte, estabelecido de forma incontroversa o regime doloso para a configuração da improbidade, resta fixar também as respectivas excludentes, a fim de adequadamente estruturar o sistema repressivo/punitivo relativo às condutas ímprobas.

É consenso que o regime jurídico aplicável ao poder sancionador da Administração utiliza como fundamento de validade a mesma sistemática constitucional do direito penal. Assim, a partir da cláusula do Estado democrático de direito, são fixados princípios, garantias e regras que regulam o processo penal comum, figurando entre eles os relativos à culpabilidade, inclusive as respectivas excludentes.[2] No mesmo sentido, Fábio Medina Osório argumenta que os dispositivos

---

[1] JUSTEN FILHO, Marçal. *Curso de direito administrativo*. São Paulo: Saraiva, 2005. p. 687.

[2] MELLO, Rafael Munhoz de. *Princípios constitucionais de direito administrativo sancionador*: as sanções administrativas à luz da Constituição Federal de 1988. São Paulo: Malheiros, 2007. p. 104.

que tratam de culpabilidade são constitucionais e limitam o direito punitivo como um todo.[3]

Diante disso, a Lei nº 8.429/1992, após a reforma promovida pela Lei nº 14.230/2021, estabelece, em seu art. 1º, §4º, que se aplicam ao sistema da improbidade os princípios constitucionais do direito administrativo sancionador.

Portanto, admite-se a utilização das excludentes de ilicitude (estado de necessidade, exercício regular do direito, estrito cumprimento do dever legal etc.) e de culpabilidade (inimputabilidade, ausência de potencial consciência da ilicitude, inexigibilidade de conduta diversa) no âmbito da verificação da ocorrência ou não de improbidade, a fim de se apurar, mediante a análise de cada caso, os elementos da conduta do agente.

A própria Lei nº 8.429/1992, com a redação dada pela Lei nº 14.230/2021, prevê no artigo 1º, §8º, uma excludente, ao fixar:

> não configura improbidade a ação ou omissão decorrente de divergência interpretativa da lei, baseada em jurisprudência, ainda que não pacificada, mesmo que não venha a ser posteriormente prevalecente nas decisões dos órgãos de controle ou dos tribunais do Poder Judiciário.

Ocorre que o dispositivo, submetido a um teste de constitucionalidade por meio da ADI nº 7.236-DF, teve sua eficácia suspensa por medida cautelar.[4]

O relator, Ministro Alexandre de Moraes, vislumbrou que a excludente atenta contra o princípio da segurança jurídica e fragiliza a tutela da probidade administrativa, em virtude da amplitude do critério estabelecido no §8º do art. 1º da LIA, incluído pela Lei nº 14.230/2021, vis-à-vis a multiplicidade dos precedentes judiciais, inclusive com interpretações conflitantes sobre a aplicação da legislação administrativa.

O Enunciado nº 27, relatado pelo grupo temático 7, em redação substitutiva à proposta original, e aprovado por unanimidade na Plenária realizada na cidade de Pirenópolis – Goiás, contém regra distinta da previsão do art. 1º, §8º, da LIA, pois reforça a perspectiva de manejo

---

[3] OSÓRIO, Fabio Medina. *Direito administrativo sancionador*. 3. ed. São Paulo: RT, 2009. p. 347.

[4] Supremo Tribunal Federal, inteiro teor da medida cautelar na ADI nº 7.236-DF. Disponível em: https://www.stf.jus.br/arquivo/cms/noticiaNoticiaStf/anexo/ADI7236CautelarLeideImprobidade.pdf.

das excludentes, mediante a observância de dispositivos da Lei de Introdução às Normas do Direito Brasileiro (LINDB).[5]

Não há, no seu conteúdo, o defeito apontado pelo ministro relator da ADI nº 7.236-DF, uma vez que se trata de mandamento legal estável e geral, aplicável a todas as esferas federativas.

Se o agente público atua em estrita observância às orientações gerais do respectivo ente ou órgão (art. 24, parágrafo único, LINDB), ou em conformidade com manifestação prévia dotada de caráter vinculante (art. 30, parágrafo único, LINDB), fica afastada a configuração do dolo, e consequentemente a responsabilização por improbidade administrativa.

Isso porque é desejada e juridicamente recomendável a atuação do agente com base em "interpretações e especificações contidas em atos públicos de caráter geral ou em jurisprudência judicial ou administrativa majoritária, e ainda as adotadas por prática administrativa reiterada e de amplo conhecimento público" (art. 24, parágrafo único, da LINDB) e/ou fundamentadas em "regulamentos, súmulas administrativas e resposta a consultas" de caráter vinculante (art. 30, *caput* e parágrafo único, da LINDB).

Se uma ação é juridicamente permitida ou até mesmo desejada, não pode ser, ao mesmo tempo, ímproba.

Aqui, por oportuno e ilustrativamente, cabe lembrar a teoria da tipicidade conglobante, proposta por Eugenio Raúl Zaffaroni, no sentido de que o Estado não pode considerar típica uma conduta que é fomentada ou tolerada por ele próprio. O que é estimulado por uma norma não pode ser vedado por outra norma. É preciso observar o sistema jurídico como um todo.

Independentemente do referencial teórico do direito penal, vale mencionar que a culpabilidade é genericamente excluída quando não é possível exigir-se do agente, que praticou o suposto ilícito, outra conduta além daquela por ele praticada.[6]

Celso Antônio Bandeira de Mello ensina que, tendo em vista o princípio da obrigatoriedade do desempenho da atividade pública, algo típico do regime administrativo, os agentes sujeitam-se ao dever

---

[5] Decreto-Lei nº 4.657/1942.

[6] REALE JR., Miguel. *Teoria do delito*. São Paulo: RT, 1988. p. 153.

de continuidade no desempenho de sua ação,[7] agindo de forma célere, transparente e leal às normas aplicáveis ao ente no qual atua.

Nesse aspecto, o Enunciado nº 27 tem por objetivo valorizar a conduta do agente público que, ao atuar com base em orientações gerais e manifestações de caráter vinculante, ainda vigentes, revela a sua boa-fé.

Embora incipientes, os Tribunais Superiores e o Tribunal de Contas da União já emitiram decisões aplicando os conceitos de segurança jurídica e boa-fé na avaliação da conduta dos agentes públicos, com base nos arts. 24 e 30 da LINDB. Tais decisões valorizam a intenção do agente e o contexto em que agiu, reconhecendo a complexidade e os desafios inerentes à Administração Pública.[8]

Por isso que o enfoque do Enunciado nº 27 do IBDA está alinhado com os princípios da eficiência, da legalidade e, especialmente, da moralidade, bem como busca promover uma cultura de integridade, ao mitigar riscos de responsabilização.

Se há o componente ético presente, excluída está a violação ao dever específico de respeito à moralidade, que configuraria a improbidade.

O debate, a partir dessa premissa, girará em torno das circunstâncias concretas de cada caso, acerca: a) do correto enquadramento dos fatos às orientações e manifestações observadas pelo agente; b) da existência ou não de alternativas de atuação, que melhor se adequariam ao caso; c) de se o agente detinha autoridade e condições de rever ou atualizar as orientações e manifestações para melhor adequá-las à legislação vigente; e d) de se há abuso de direito, isto é, manejo malicioso das orientações e manifestações invocadas.

De qualquer forma, o Enunciado nº 27 reforça a importância das orientações gerais e manifestações vinculantes como ferramentas de governança e segurança jurídica, contribuindo para um ambiente mais estável, equilibrado, previsível e justo, ao proteger os agentes que atuam de acordo com tais diretrizes, excluindo o dolo e afastando a possibilidade de responsabilização por improbidade administrativa.

---

7 BANDEIRA DE MELLO, Celso Antônio. O conteúdo do regime jurídico-administrativo e seu valor metodológico. *Revista de Direito Administrativo e Infraestrutura*, v. 1, p. 347-374, 2017.

8 *Vide* STF, ACO nº 3.524 TP/DF; STJ, Ação Rescisória nº 5.261-RS (2013/0329678-0), RE nos EDcl nos EDcl no MS nº 14.052-DF (2008/0283530-9); TCU, Acórdãos nºs 1.618/2022-P, 2.261/2023-2ª Câm., 7.959/2022-1ª Câm., 1.537/2020-P; 4.719/2020-1ª Câm.

A adoção dessas orientações e manifestações como parâmetros para a atuação dos agentes públicos contribui para a uniformidade e previsibilidade das ações administrativas, elementos fundamentais para a estabilidade das relações jurídicas e a confiança na Administração Pública.

O foco na conduta dolosa e na valorização das orientações gerais e manifestações vinculantes, presente no Enunciado nº 27 do IBDA, tem implicações significativas para a gestão do patrimônio público e para a efetivação das políticas públicas. Ao reduzir a incerteza e o medo de responsabilização por improbidade administrativa, em casos de decisões tomadas de boa-fé, os agentes públicos são incentivados a agir de maneira mais decisiva, efetiva e profissional no cumprimento de suas funções.

Além disso, o risco de responsabilização, quando ainda não há consenso em torno da aplicação de determinados institutos jurídico-administrativos, funciona como indesejável e inconveniente força inibidora do agir administrativo.

Nesse contexto, o Enunciado nº 27 contribui para o debate sobre a evolução da legislação de improbidade administrativa no Brasil, destacando a importância de salvaguardar a boa-fé e a segurança jurídica na gestão pública, em consonância com os objetivos globais de desenvolvimento sustentável e governança eficaz presentes no ODS 16.

## Referências

BANDEIRA DE MELLO, Celso Antônio. O conteúdo do regime jurídico-administrativo e seu valor metodológico. *Revista de Direito Administrativo e Infraestrutura*, v. 1, 2017.

COMISSÃO NACIONAL PARA OS OBJETIVOS DE DESENVOLVIMENTO SUSTENTÁVEL (Brasil). *Relatório de atividades 2017-2018*. Brasília: Presidência da República, 2018.

INSTITUTO DE PESQUISA ECONÔMICA APLICADA (IPEA). *Objetivos de Desenvolvimento Sustentável*. 2019. Disponível em: https://www.ipea.gov.br/ods/ods16.html.

JUSTEN FILHO, Marçal. *Curso de direito administrativo*. São Paulo: Saraiva, 2005.

MELLO, Rafael Munhoz de. *Princípios constitucionais de direito administrativo sancionador*: as sanções administrativas à luz da Constituição Federal de 1988. São Paulo: Malheiros, 2007.

ODS 16: promover sociedades, justas, pacíficas e inclusivas em América Latina y el Caribe. *In*: FORO DE LOS PAÍSES DE AMÉRICA LATINA Y EL CARIBE SOBRE EL DESARROLLO SOSTENIBLE, 3., 2019, Santiago de Chile. Santiago de Chile: Cepal, 2019. Disponível em https://www.cepal.org/sites/default/files/static/files/19-00468_flyer_hlpf_web_0.pdf.

OSÓRIO, Fabio Medina. *Direito administrativo sancionador*. 3. ed. São Paulo: RT, 2009.

REALE JR., Miguel. *Teoria do delito*. São Paulo: RT, 1988.

Informação bibliográfica deste texto, conforme a NBR 6023:2018 da Associação Brasileira de Normas Técnicas (ABNT):

GODINHO, Heloísa Helena Antonacio M.; BELÉM, Bruno Moraes Faria Monteiro. Comentários ao Enunciado nº 27. *In*: FORTINI, Cristiana; GODINHO, Heloísa Helena A. M.; BASTOS JUNIOR, Luiz Magno P.; SANTOS, Rodrigo Valgas dos (Coord.). *Comentários aos Enunciados do IBDA*: mudanças na Lei de Improbidade Administrativa. Belo Horizonte: Fórum, 2024. p. 141-147. ISBN 978-65-5518-727-4.

# COMENTÁRIOS AO ENUNCIADO Nº 28

**IRENE PATRÍCIA NOHARA**
**CARLOS NITÃO**

> **Enunciado nº 28: É constitucional a não configuração de improbidade administrativa nos casos de ação ou omissão decorrentes de divergência interpretativa, nos termos do art. 1º, §8º, da LIA.**

Foi consensual, tanto na votação e debates dos enunciados da *II Jornada de Pirenópolis* – Mudanças na Lei de Improbidade, como no âmbito do Congresso Nacional quando da aprovação do conteúdo do §8º do art. 1º da Lei de Improbidade Administrativa, com a redação da Lei nº 14.230/2021, que não se deve imputar improbidade em ação ou omissão decorrente de "divergência interpretativa" da lei, baseada em jurisprudência, ainda que não pacificada, mesmo que depois venha ser prevalente nas decisões de órgãos de controle ou dos tribunais do Poder Judiciário.

No entanto, causou surpresa a suspensão da eficácia do dispositivo por deferimento cautelar por parte do Ministro Alexandre de Moraes, na ADIMC nº 7.236, proposta pela Associação Nacional dos Membros do Ministério Público (Conamp). O ministro inicia sua argumentação tecendo elogios ao propósito do legislador, que teria sido o de "proteger a boa-fé do gestor público que confia e adota orientações exaradas pelo Poder Judiciário a respeito da aplicação da lei, preservando-o de eventuais oscilações jurisprudenciais", mas, depois, envereda a criticar o dispositivo, reputando-o excessivamente amplo e promotor de insegurança jurídica apta a esvaziar a efetividade da ação de improbidade. Entende, então, que o dispositivo estaria fornecendo ao gestor ímprobo ocasião de "encontrar pretextos para afastar a aplicação correta da legislação administrativa", acatando raciocínio da Conamp de que se contornaria "o melhor direito", perpetuando o sentimento de impunidade em atos ilícitos.

Nos idos da década de 1930, no Brasil, Rui Barbosa já se preocupava com o "crime de hermenêutica", ao advertir sobre o conflito em face das diversas interpretações possíveis. É, portanto, absurdo supor que haja apenas uma aplicação/interpretação correta da lei, sendo tal argumento desbancado pela crítica ao jusnaturalismo racionalista, engendrada pelo positivismo jurídico, ao constatar que a norma individual é extraída das possibilidades conferidas pela moldura normativa, diante de distintas soluções adequadas ao ordenamento jurídico.

Ora, uma das caricaturas mais conhecidas do quão equivocada pode se tornar uma visão jusnaturalista racionalista foi, em Portugal, a Lei da Boa Razão, de 18.8.1769, que multava advogados que distorcessem o real sentido da lei, no seu parágrafo sétimo, penalizando advogados que sem valessem de "interpretações enganosas maldosas", estabelecendo um monopólio na intepretação da lei. É deste momento histórico a frase de Montesquieu, de que o juiz seria a boca da lei (*la bouche de la loi*), sendo então vivenciadas arbitrárias proibições de comentários e interpretações na suposição de que o texto só poderia ser interpretado de uma maneira, a partir de um suposto conceito universal de justiça, que não admitiria relativizações em função de variados contextos.

Ocorre que, atualmente, não há que se falar em "aplicação correta" da legislação administrativa, muito menos ainda de que haveria um "melhor direito". Existem soluções razoáveis e adequadas ao caso concreto, em função tanto da interpretação do texto normativo, na sua moldura, como também dos próprios fatos e da aplicação jurídica, em ponderação consequencial.

A interpretação das normas da gestão pública é, como regra, caracterizada pela fluidez e indeterminação de seu conteúdo. São aplicações que levam em conta a textura aberta da linguagem. Logo, o texto normativo admite a possibilidade de interpretações igualmente legítimas e razoáveis, cabendo ao gestor público ou à gestora pública identificar aquela que melhor realiza o interesse da Administração Pública. Quando amparadas em decisão jurisprudencial, então, seria de se considerar que há boa-fé em agir com base em linha traçada pela jurisprudência.

Nesse cenário de abertura normativa e de possibilidades interpretativas é que se observa a importância da construção de Rui Barbosa a respeito da impossibilidade de configuração do "crime de hermenêutica". A regra prevista no §8º, do art. 1º, da Lei de Improbidade reformada coloca-se, portanto, como instrumento normativo para tutela do agente público honesto, zeloso e preocupado com a regular execução das políticas públicas e dos recursos públicos ao seu encargo.

Ainda, a Nova LINDB, no art. 28, quis afastar a responsabilização pessoal do gestor por decisões ou opiniões técnicas, admitindo-a apenas em caso de dolo ou erro grosseiro. No caso dos pareceres, houve a "descriminalização do delito de opinião", sendo que, após a Reforma da Improbidade, não há como falar sequer em culpa grave para improbidade administrativa, que admite tão somente o dolo específico.

Inobstante as alterações relevantes processadas na LINDB, o Ministro Alexandre de Moraes, em decisão monocrática cautelar, deferiu liminar suspendendo a eficácia do dispositivo, conforme mencionado, ao argumento de que o critério estabelecido seria excessivamente amplo, promovendo, assim, a insegurança jurídica no que diz respeito à efetividade da ação de improbidade administrativa. Entretanto, a regra prevista no §8º, do art. 1º, da Lei nº 14.230/2021 tem como objetivo justamente proteger o gestor do medo de responder por improbidade justamente em face da insegurança jurídica na interpretação e aplicação da lei. Para tanto, faz-se necessário aprofundar o seu diálogo com as modificações da LINDB, com base na Lei nº 13.655/2018.

A Lei nº 13.655/2018 apresenta uma racionalidade que pode ser compreendida a partir de três pilares estruturantes extraídos da compreensão dos arts. 20 a 22. São eles: (i) são inadmissíveis decisões alicerçadas em valores abstratos; (ii) o contexto fático precisa ser observado na motivação da decisão; e (iii) é preciso apontar as consequências práticas da decisão. Esses elementos têm que ser observados na esfera administrativa, judicial e controladora.

A LINDB reformada instituiu um modelo a ser observado no processo de tomada de decisão, pretendendo evitar decisões amparadas em valores abstratos, como princípios e garantias fundamentais de conteúdo aberto. Dito de outro modo, nos debates jurídicos ou na resolução de conflitos, a solução é dada pela aplicação concreta do texto normativo, não apenas por sua interpretação em abstrato.

Disso resulta que o contexto fático (calor, temperatura e pressão) é elemento importante para compreensão da interpretação e aplicação da norma no processo de tomada de decisão administrativa. As condições enfrentadas e vivenciadas pelo agente público impactam diretamente sobre o seu juízo decisório, sobretudo nas situações de interpretação de conceitos jurídicos indeterminados que, por natureza, são incertos e admitem a construção de soluções possíveis e adequadas para o caso concreto.

Assim, a decisão administrativa precisa ser entendida sob o prisma de sua adequação ou inadequação em face de dois elementos estruturantes, isto é, o contexto fático e normativo. É nesse contexto que se evidencia a importância da regra prevista no §8º, do art. 1º, da Lei nº 14.230/2021. Isso porque a divergência interpretativa não é apenas possível, ela é real, dada a abertura do texto normativo e a percepção individual do intérprete ao realizar seu juízo valorativo.

Basta imaginar a figura de um triângulo escaleno – aquele que tem três lados desiguais. A atividade interpretativa é realizada individualmente e a partir do ponto de vista do agente público, da autoridade judicial e da autoridade controladora. Ela se efetiva a partir de visões distintas exatamente porque cada um deles se encontra em um dos vértices daquele triângulo. Cada um possui sua medida e esta não é igual aos demais.

É preciso destacar que a autoridade administrativa tem legitimidade para realizar interpretação das normas de gestão pública e que essa atividade também se legitima pela experiência e pelo costume administrativo que, por diversas vezes, contribuem para a interpretação e tomada de decisão pelo agente público. O agente público tem competência para dizer qual seria a melhor decisão administrativa resultante tanto do conjunto normativo como da interpretação do contexto fático.

Portanto, a regra prevista no §8º, do art. 1º, da Lei nº 14.230/2021 reconhece a possibilidade de divergência interpretativa como caminho para construção da segurança jurídica na interpretação e aplicação das normas de direito público, afastando aquilo que podemos chamar de "juízo de preferibilidade", isto é, que a autoridade judicial ou controladora afaste a decisão administrativa em virtude de suas preferências pessoais ou esforço retórico a partir de valores abstratos e principiológicos sem observância do contexto fático que orientou a interpretação e a escolha do agente público.

Houve consenso por parte daqueles que participaram dos debates de Tiradentes que é mister influenciar a decisão final do Plenário do Supremo Tribunal Federal, ao apreciar a cautelar do Ministro Alexandre de Moraes, sendo então aprovado enunciado que entende, ao contrário da cautelar, constitucional o dispositivo do art. 1º, §8º, da Lei de Improbidade Administrativa Reformada, buscando afastar da improbidade ação ou omissão decorrente de divergência interpretativa da lei, baseada em jurisprudência.

Quando da decisão do Supremo Tribunal Federal, o ministro acabou monocraticamente atuando como "jurislador" (Tomelin), ao suspender importante dispositivo criado pelo Poder Legislativo, dando mais peso ao ângulo punitivista, do que ao espectro garantista, imprescindível para evitar uma grave imputação de improbidade ao gestor que se ampara em decisão do Poder Judiciário, dentro de um espírito compatível com a Nova LINDB.

Informação bibliográfica deste texto, conforme a NBR 6023:2018 da Associação Brasileira de Normas Técnicas (ABNT):

NOHARA, Irene Patrícia; NITÃO, Carlos. Comentários ao Enunciado nº 28. *In*: FORTINI, Cristiana; GODINHO, Heloísa Helena A. M.; BASTOS JUNIOR, Luiz Magno P.; SANTOS, Rodrigo Valgas dos (Coord.). *Comentários aos Enunciados do IBDA*: mudanças na Lei de Improbidade Administrativa. Belo Horizonte: Fórum, 2024. p. 149-153. ISBN 978-65-5518-727-4.

# COMENTÁRIOS AO ENUNCIADO Nº 29

RAFAEL WALLBACH SCHWIND
MARCÍLIO BARENCO CORRÊA DE MELLO

**Enunciado nº 29: Instaurado procedimento para fins de celebração do acordo de não persecução cível, o Ministério Público e a pessoa jurídica lesada devem oportunizar efetiva participação e negociação aos interessados.**

## 1 Premissas fundamentais: superação da impossibilidade de transações e a necessidade de procedimentalização

O Enunciado nº 29 parte de duas premissas básicas.

A primeira é a de que todo o esforço doutrinário ou legal que impediria a tomada de compromisso em matéria de improbidade administrativa, por vezes confrontando-o às transações de direito privado, cai por terra com o advento de diversos permissivos legais, tal como o do art. 10-B da Lei nº 8.429, incluído pela Lei nº 14.230.

A vedação absoluta de transações em matéria de direitos indisponíveis deu lugar a uma nova concepção de disponibilidade instrumental e patrimonialidade que viabilizam a formalização dos acordos de não persecução civil numa perspectiva de autocomposição na resolução pacífica de controvérsias.

A segunda premissa é a de que, muito mais do que a mera aceitação dos compromitentes, a tomada de compromissos previstos em um acordo de não persecução civil ganha feição de negócio jurídico bilateral de natureza sinalagmática – ainda que *sui generis,* uma vez que apresenta contornos próprios em relação a uma transação puramente privatística.

## 2 Necessidade de livre manifestação de vontade

Por se tratar de um acordo bilateral, o acordo de não persecução civil deverá envolver necessariamente o exercício livre de uma manifestação de vontade dos compromissários que pretendam a sua celebração. Trata-se de *conditio sine qua non* desse negócio jurídico. A livre manifestação de vontade será, na realidade, um requisito de validade do acordo de não persecução civil, tal como o são a capacidade de fato do compromitente, a existência de um objeto lícito, possível, determinado ou determinável, e a observância de forma prescrita e não defesa em lei.

Assim, deverá o compromisso estar lastrado na instrumentalidade de um procedimento formal antecedente à celebração da transação, a possibilitar posterior sindicabilidade quanto à eventual existência de vícios decorrentes dos negócios jurídicos, afastando os perniciosos vícios de capacidade e consentimento dos celebrantes, decorrentes sobretudo do erro, dolo, coação, estado de perigo ou lesão.

A seu turno, quanto ao compromitente, não há que se falar em livre manifestação da vontade do celebrante, uma vez que sempre representará interesse relevante da própria Administração Pública ou pessoa jurídica lesada, cujos limites de competência legal e representação estarão previamente estabelecidos na lei ou instrumento de mandato.

## 3 A necessidade de um procedimento

A necessidade de instauração procedimental prévia à celebração do acordo de não persecução civil decorre do princípio da instrumentalidade das formas, que não constitui um fim em si mesmo, mas representa meio para atingimento de determinado resultado. Pela via do negócio jurídico bilateral celebrado, põe-se a termo o conflito de interesses, atinge-se o resultado de forma mais ágil e eficaz, resultando na imediata realização do objeto do interesse público almejado, dotando o procedimento de maior segurança jurídica às partes celebrantes.

Sob certo ângulo, a existência de um procedimento representa uma garantia ao compromitente e ao compromissário.

### 3.1 A existência e validade do procedimento

Os requisitos mínimos de existência do acordo de não persecução cível devem atentar para o agente celebrante, consentimento pessoal ou legal, e causa da celebração. Já no plano da validade, serão passíveis de sindicabilidade, desde que haja a formalização procedimental para aferição dos elementos de capacidade de fato ou representação do agente, sua livre manifestação do consentimento ou autorização normativa, a licitude e determinabilidade do objeto, e a forma prescrita e não proibida em lei.

## 3.2 Instrumentalidade do procedimento: segurança do particular e do ente público

A segurança jurídica dos celebrantes, entre as quais residem o exercício de direitos e o cumprimento de deveres mútuos, dependem de instauração procedimento formal prévio, com ampla participação de legitimados e interessados.

Trata-se de chamamento ao procedimento por ato de ciência inequívoca, oportunizando-se a realização de direitos e cumprimento de deveres indispensáveis à efetividade do negócio jurídico celebrado.

## 3.3 A efetiva participação do particular

O procedimento prévio à celebração do acordo de não persecução civil deverá proporcionar uma participação efetiva, e não meramente formal, do particular interessado. Por participação ativa, entende-se que o particular deverá ser comunicado da instauração do procedimento e dos atos subsequentes, terá a oportunidade de participar de reuniões e negociações, e suas razões e propostas deverão ser devidamente examinadas e respondidas fundamentadamente. Ainda que não haja direito subjetivo à celebração de um acordo, haverá sempre a possibilidade de participação efetiva. Sem a possibilidade de uma participação efetiva, não existirá livre manifestação de vontade e eventual acordo poderá inclusive ser reconhecido como nulo.

## 3.4 A efetiva participação do ente público

A legitimidade ativa para celebração do acordo impõe a participação efetiva no procedimento instaurado do Ministério Público competente, do ente da Federação lesado (Administração direta e seus órgãos desconcentrados) e/ou da pessoa jurídica lesada (Administração indireta), visando conformação da avença com prestação e obrigação suficiente à tutela do direito protegido ou reparação integral do dano causado. Tal como acontece em relação ao particular, também os entes públicos envolvidos terão direito a uma participação efetiva.

## 3.5 A efetiva negociação

O Enunciado nº 29 rejeita a concepção de que o acordo de não persecução civil seria uma espécie de "acordo unilateral".

Num acordo unilateral, caberia ao interessado apenas aderir às prestações enumeradas pelo compromitente. Haveria simples adesão aos termos propostos pelo órgão público tomador, sem possibilidade de se transacionar, uma vez que o compromissário apenas se obrigaria às cláusulas já edificadas (unilateralmente) pelo legitimado ativo na tomada do acordo. Tratar-se-ia de um contrato "de adesão", com confissão de fatos e reconhecimento jurídico de determinadas circunstâncias, o que poderia levar a submissão do compromissário a cláusulas defesas em lei e sob vício da vontade, o que é vedado no ordenamento jurídico brasileiro.

Ao se garantir a efetiva negociação e participação aos interessados, o procedimento formal instaurado se tornará instrumento de realização de direitos não só do legitimado ativo da ação improbidade (Ministério Público e/ou pessoa jurídica lesada, o que inclui entes públicos da Administração direta e indireta), mas também de todos os "interessados" na solução da controvérsia.

Por "interessados", entenda-se, em primeiro plano, o legitimado passivo (o infrator) e, num segundo plano, os órgãos desconcentrados da Administração Pública que possam ser responsáveis diretos pela realização de política pública específica (meio ambiente, saúde, educação, cultura, patrimônio público, histórico e cultural, entre outros) que será objeto da avença.

## 3.6 A participação como mecanismo de eficácia do acordo

A efetiva participação de "interessados" também serve de mecanismo de eficácia do objeto do acordo a ser celebrado. Isso porque a especificidade de determinadas matérias pode levar à inexequibilidade do negócio jurídico, cujas balizas não estejam em estrita observância de normas técnicas para o qual foi instituído.

## 4 Conclusão

Em síntese, o Enunciado nº 29 da II Jornada do IBDA (Jornada de Pirenópolis) destaca o aspecto procedimental prévio à celebração de um acordo de não persecução civil. Será necessário que haja um procedimento prévio e que ele seja válido, com a participação efetiva (e não meramente formal) dos interessados. Trata-se de um mecanismo destinado a garantir que haja uma livre manifestação de vontade, e voltado à proteção da própria regularidade do acordo. Concepções que compreendem o acordo de não persecução civil como um ato unilateral ou contrato de adesão deverão ser rejeitadas, uma vez que incompatíveis com a legislação que rege a matéria.

Informação bibliográfica deste texto, conforme a NBR 6023:2018 da Associação Brasileira de Normas Técnicas (ABNT):

SCHWIND, Rafael Wallbach; MELLO, Marcílio Barenco Corrêa de. Comentários ao Enunciado nº 29. *In*: FORTINI, Cristiana; GODINHO, Heloísa Helena A. M.; BASTOS JUNIOR, Luiz Magno P.; SANTOS, Rodrigo Valgas dos (Coord.). *Comentários aos Enunciados do IBDA*: mudanças na Lei de Improbidade Administrativa. Belo Horizonte: Fórum, 2024. p. 155-159. ISBN 978-65-5518-727-4.

# COMENTÁRIOS AO ENUNCIADO Nº 30

CESAR PEREIRA

**Enunciado nº 30: A celebração e a homologação de acordo de não persecução civil, prevista no art. 17-B da Lei nº 8.429/92, não pode, mesmo por regulamento, ser condicionada ao reconhecimento, por parte do investigado, da prática de atos de improbidade administrativa ou de sua culpabilidade.**

O enunciado ressalta a distinção entre o Acordo de Não Persecução Civil (ANPC) e outros mecanismos consensuais adotados no direito administrativo sancionatório ou no processo penal. Essa distinção se baseia na disciplina legal e é coerente com as diferentes finalidades perseguidas pelos institutos em questão.

O núcleo do enunciado é a vedação da exigência de confissão da infração como pressuposto para o ANPC. Segundo o enunciado, é vedado condicionar (a) a celebração ou (b) a homologação do ANPC, (c) no caso concreto ou mediante regulamento, ao (d) reconhecimento pelo (e) investigado, (f) da prática de ato de improbidade ou (g) da culpabilidade do investigado.

O ANPC é disciplinado pelo art. 17-B da Lei nº 8.429, introduzido pela Lei nº 14.230. O dispositivo estabelece os pressupostos e as formalidades necessárias para a celebração do ANPC. Segundo o *caput* do art. 17-B, o objetivo fundamental do ANPC é ressarcitório. Sua celebração pressupõe pelo menos os seguintes resultados: (i) o integral ressarcimento do dano e (ii) a reversão à pessoa jurídica lesada da vantagem indevida obtida. O §2º do art. 17-B prevê, ainda, que a celebração do acordo considerará, entre outros fatores, "[...] as vantagens, para o interesse público, da rápida solução do caso". O momento da sua celebração é qualquer fase do processo, inclusive "[...] no momento da execução da sentença condenatória".

No regime legal do ANPC, não há nenhuma referência a alguma finalidade instrutória ou mesmo repressiva. O foco é a obtenção do ressarcimento e da transferência das vantagens indevidas (*disgorgement of profits*) em favor da pessoa jurídica lesada. Esse resultado independe da apuração completa do eventual envolvimento de terceiros na potencial infração ou da disposição do investigado em admitir a ocorrência da infração ou sua culpabilidade. A única previsão legal relacionada com matéria investigatória é o §6º do art. 17-B, ao tratar da adoção de mecanismos "[...] de incentivo à denúncia de irregularidades". Porém a regra não diz respeito à colaboração por parte do próprio investigado sobre os fatos pretéritos, mas à criação de instrumentos para que terceiros vinculados ao investigado possam, no futuro, informar a existência de outras infrações. Essa configuração do ANPC não surpreende. Trata-se de acordo destinado a substituir a ação civil por meio da qual se obteria o ressarcimento do dano e evitar a aplicação das sanções da Lei nº 8.429. Para atingir esse objetivo, o ANPC não depende de qualquer admissão de responsabilidade ou culpabilidade pelo investigado. O §6º do art. 17-B alude de modo amplo à adoção de "[...] outras medidas em favor do interesse público e de boas práticas administrativas", que consistem em providências de prevenção de futuras infrações ("[...] mecanismos e procedimentos internos de integridade, de auditoria e de incentivo à denúncia de irregularidades [...]"), não de repressão de condutas ilícitas passadas.

A despeito da clareza do regime legal, há opiniões divergentes, segundo as quais a exigência de confissão daria coerência ao sistema e equipararia o ANPC a outros acordos similares, como o acordo de leniência (art. 16, §1º, III, da Lei nº 12.846: "a pessoa jurídica admita sua participação no ilícito [...]"), o programa de leniência do Cade – Conselho Administrativo de Defesa Econômica (art. 86, §1º, IV, da Lei nº 12.529: "a empresa confesse sua participação no ilícito [...]"), ou o Acordo de Não Persecução Penal do art. 28-A do Código de Processo Penal. Essa premissa não encontra fundamento legal. Pressupõe uma interpretação extensiva da Lei nº 8.429, criando por interpretação um requisito que a lei não prevê. Além disso, frustra a finalidade da lei ao reduzir a flexibilidade do ANPC, desvirtuar o seu objetivo central de obter o ressarcimento e, em última análise, desestimular o uso do ANPC ao tornar essa solução mais gravosa ao investigado. Afinal, ao admitir a ilicitude ou culpabilidade, o investigado estar-se-á expondo a uma variedade de outras consequências jurídicas. Se o legislador pretendesse submeter o ANPC aos mesmos requisitos da Lei Anticorrupção ou da Lei de Defesa da Concorrência, bastaria que previsse os efeitos do ANPC como um apêndice daqueles outros acordos. Mas não foi o que a lei fez. Criou um instrumento diverso, de finalidade econômica, focado no ressarcimento e transferência dos ganhos indevidos, para realizar o interesse público sob outro ângulo. Para que o investigado possa racionalmente dispor-se a confessar a ilicitude, deverá ter condições de celebrar acordo mais abrangente, que lhe permita considerar na composição também os efeitos da confissão nas esferas penal e sancionatória. Exigir a confissão no ANPC é confundir as finalidades dos diversos institutos e eliminar a autonomia do ANPC como mais um instrumento à disposição dos entes legitimados para a sua celebração.

Essa atenção à disciplina legal própria do ANPC também serve como advertência à equiparação indevida entre o ANPC e instrumentos similares no direito comparado. Os acordos administrativos no direito norte-americano, destinados a evitar o *debarment* ou outras sanções vinculadas a atos de improbidade administrativa, usualmente pressupõem o reconhecimento do ilícito como ponto de partida. O *self-cleaning* do direito europeu, previsto no art. 57 da Diretiva 2014/24, também prevê a colaboração ativa para a elucidação dos fatos como um dos objetivos do *self-cleaning*. Nesse contexto, o enunciado tem um papel importante ao destacar a peculiaridade do ANPC, cuja finalidade econômica específica o distingue de instrumentos similares e torna desnecessária a admissão de responsabilidade ou culpabilidade.

A existência de um leque de opções para o Poder Público na busca de soluções consensuais é coerente com o art. 26 da LINDB. Não é cabível que se restrinja a liberdade estabelecida pelo legislador para a modulação da solução adequada a cada caso concreto. Não há nenhuma omissão no art. 17-B da Lei nº 8.429, a ser supostamente suprida por meio de interpretação, mas há a opção explícita pela criação de um instrumento que pode permitir resultados úteis (ressarcimento e recuperação de vantagens indevidas), ainda que sem endereçar outros aspectos da ilicitude e de sua repressão legal. Trata-se de um enfoque pragmático, que permite benefícios recíprocos para o Poder Público e o investigado sem eliminar nem a possibilidade nem o risco, respectivamente, de aplicação de sanções específicas em função da conduta ilícita eventualmente apurada.

O enunciado também contém outros aspectos importantes.

Proíbe-se condicionar a celebração do ANPC à confissão do investigado. Portanto, essa condição não é causa legítima para que se afaste a celebração do ANPC. Caso se constate que um acordo foi negado por esse fundamento, a negativa poderá ser objeto de reclamação administrativa ou de medida judicial destinada a suprimir esse motivo de negativa do ANPC.

Também não é possível formular essa exigência na fase de homologação judicial do ANPC. Na hipótese de denegação da homologação sob esse fundamento, a decisão deverá ser reformada mediante o recurso próprio.

A advertência de que o condicionamento indevido não pode ser feito no caso concreto ou mediante regulamento é relevante em termos práticos. A Portaria Normativa AGU nº 18/2021 e a Nota Técnica nº 02/2020-PGJ/CAOPP do Ministério Público do Estado de São Paulo são exemplos de atos normativos (regulamentos) que impõem essa condição. Se não revogados espontaneamente, tais atos podem ser impugnados pelos meios próprios para assegurar a plena eficácia do art. 17-B da Lei nº 8.429.

O reconhecimento vedado pelo enunciado é qualquer forma de admissão de responsabilidade pela ilicitude imputada ao investigado. É evidente que, querendo, o investigado pode admitir o que entender adequado. O que se veda é a sua imposição. O reconhecimento cuja exigência é proibida é qualquer forma de admissão integral ou parcial de responsabilidade pelo ato ilícito ou de culpabilidade. O investigado detém o direito de obter os benefícios do ANPC nos exatos termos do art. 17-B da Lei nº 8.429, sem o acréscimo indevido da exigência de confissão não imposta pelo texto legal.

Informação bibliográfica deste texto, conforme a NBR 6023:2018 da Associação Brasileira de Normas Técnicas (ABNT):

PEREIRA, Cesar. Comentários ao Enunciado nº 30. *In*: FORTINI, Cristiana; GODINHO, Heloísa Helena A. M.; BASTOS JUNIOR, Luiz Magno P.; SANTOS, Rodrigo Valgas dos (Coord.). *Comentários aos Enunciados do IBDA*: mudanças na Lei de Improbidade Administrativa. Belo Horizonte: Fórum, 2024. p. 161-164. ISBN 978-65-5518-727-4.

# COMENTÁRIOS AO ENUNCIADO Nº 31

RITA TOURINHO

> **Enunciado nº 31: Em relação ao acordo de não persecução cível, no caso da improbidade em concurso de agentes, a extensão do ressarcimento integral deve considerar o grau de participação na conduta ímproba, bem como a capacidade econômico-financeira, podendo o valor do dano ou da vantagem obtida ser substituído por outras formas de prestação que atendam a interesse público relevante, considerando, inclusive, o §6º, do art. 17-B, mediante compensação e aquiescência do ente público interessado.**

O art. 17-B, incs. I e II, da Lei nº 8.429/1992, introduzidos pela Lei nº 14.230/2021, determina que poderá ser formalizado acordo de não persecução civil, desde que dele advenham, ao menos, os seguintes resultados: o integral ressarcimento do dano e a reversão à pessoa jurídica lesada da vantagem indevida obtida, ainda que oriunda de agentes privados. A redação legal, em um primeiro momento, leva à conclusão de que a lei estabeleceu um conteúdo mínimo essencial ao ANPC.

As exigências de "integral ressarcimento do dano" e "reversão à pessoa jurídica lesada de vantagem indevida obtida" para formalização do acordo de não persecução civil devem ser entendidas a partir da interpretação sistemática da Lei de Improbidade Administrativa. Por outro lado, a interpretação do alcance normativo não pode se distanciar da realidade no momento da sua aplicação.

Nas negociações que antecedem a formalização do acordo de não persecução civil, seja no âmbito extrajudicial, seja judicial, caberá ao investigado/acusado não só demonstrar o limite da sua participação na ocorrência do dano, em caso de ato de improbidade em concurso de agentes, bem como o seu acervo patrimonial, que poderá ou não suportar o ressarcimento integral do dano e/ou a reversão do quanto obtido ilicitamente, na forma proposta pelo Ministério Público ou a pessoa jurídica lesada.

Nessa perspectiva, em caso de improbidade administrativa praticada em concurso de agentes, é possível que somente um dos envolvidos acolha a proposta de formalização do ANPC. Neste caso, o ressarcimento do dano deverá ser compatível com a sua participação no ilícito.

Para tal conclusão, recorre-se aos termos do §2º, do art. 17-C, da Lei nº 8.429/1992, segundo o qual "na hipótese de litisconsórcio passivo, a condenação ocorrerá no limite da participação e dos benefícios diretos, vedada qualquer solidariedade".

Ora, se é possível delimitar a participação de cada um dos envolvidos no ato de improbidade para fins de fixar a condenação, entende-se que a mesma prática poderá ser adotada na formalização de ajuste.

Ademais, o acordo de não persecução civil efetivado com um dos corresponsáveis pela prática do ato de improbidade que tenha causado prejuízo patrimonial efetivo ao erário não libera os demais. Estes serão réus em ação de improbidade administrativa, que ao final determinará o ressarcimento do dano, aplicando as sanções cabíveis, entre aquelas constantes do art. 12, da LIA.

Corrobora tal entendimento o §6º, do referido art. 12 da LIA, segundo o qual a reparação do dano prevista na lei deverá deduzir o ressarcimento ocorrido em outras instâncias que tiver como objeto os mesmos fatos. Assim, a exigência do ressarcimento integral do dano por parte do corresponsável que concorda em formalizar o acordo acabará por prejudicá-lo, beneficiando os demais, que aguardarão possível ação regressiva por parte daquele que assumiu, na integralidade, obrigação que só lhe cabia em parte.

Ainda sobre o tema, é importante o enfrentamento de situações em que se verifica a impossibilidade absoluta do ressarcimento do dano ou reversão da vantagem indevida, em face da ausência de capacidade econômico-financeira do agente ímprobo.

Nesse caso, atente-se que não se confunde a indisponibilidade do interesse público com a indisponibilidade do patrimônio público. Muitas vezes para atendimento do interesse público o Poder Público precisa dispor de determinados direitos patrimoniais, ainda que não possa fazê-lo em relação a outros deles.

Com efeito, quando da formalização do acordo de não persecução civil, caso fique inequivocamente comprovada a impossibilidade absoluta de se obter o ressarcimento integral do dano causado ao erário ou a devolução do quanto obtido ilicitamente em virtude da prática de ato de improbidade, devem-se buscar alternativas viáveis, resguardando-se o interesse público na sua máxima efetividade, dentro da realidade fática.

Nesta lógica, diante da ausência de capacidade econômico-financeira do investigado/demandado em arcar com as obrigações referidas, poderá ocorrer a substituição da obrigação de dar quantia certa pela obrigação de fazer, acolhendo a realização de atividade mensurável economicamente, que garanta a satisfação do interesse público e corresponda ao valor do prejuízo causado ou da vantagem indevida percebida.

Tal solução encontra respaldo no §6º, do art. 17-B que estabelece a possibilidade de o acordo contemplar a adoção de medidas em favor do interesse público e de boas práticas administrativas. Nessa situação, caso o tomador do compromisso seja o Ministério Público, impõe-se a concordância do ente público lesado, já que, em regra, a medida a ser imposta em substituição ao valor devido necessitará da sua participação.

Informação bibliográfica deste texto, conforme a NBR 6023:2018 da Associação Brasileira de Normas Técnicas (ABNT):

TOURINHO, Rita. Comentários ao Enunciado nº 31. *In*: FORTINI, Cristiana; GODINHO, Heloísa Helena A. M.; BASTOS JUNIOR, Luiz Magno P.; SANTOS, Rodrigo Valgas dos (Coord.). *Comentários aos Enunciados do IBDA*: mudanças na Lei de Improbidade Administrativa. Belo Horizonte: Fórum, 2024. p. 165-167. ISBN 978-65-5518-727-4.

# COMENTÁRIOS AO ENUNCIADO Nº 32

JOSÉ ROBERTO PIMENTA OLIVEIRA
ISMAR DOS SANTOS VIANA

> **Enunciado nº 32: A análise quanto ao oferecimento de ANPC compete ao Ministério Público ou à pessoa jurídica lesada, de modo que a sua celebração não constitui direito público subjetivo das pessoas físicas e jurídicas investigadas, acusadas ou condenadas, muito embora seja reconhecido aos acusados de suposta prática de ato de improbidade administrativa direito à apreciação da hipótese de solução negocial, cabendo aos legitimados motivar expressamente as razões de eventual negativa de proposição no caso concreto.**

Disciplinado pelo art. 17-B da Lei nº 8.429/1992, o acordo de não persecução civil (ANPC) recebeu disciplina legal com maior densidade no bojo da Lei nº 14.230/2021. Esta norma nacional atribui uma forma singular de potestade consensualizada no âmbito do sistema de responsabilização pela prática de atos de improbidade administrativa, em favor do Ministério Público competente, bem como do ente público ou governamental lesado pelo ato de improbidade administrativa. Trata-se de modalidade convencional distinta dos acordos de leniência e dos termos de ajustamento de conduta, também passíveis de celebração no domínio da improbidade, conforme o regime legal específico (art. 16 da Lei nº 12.846/2013 e art. 5º, §6º da Lei nº 7.347/1985).

O enunciado já incorpora o entendimento do Supremo Tribunal Federal, no julgamento definitivo da ADI nº 7.042/7043, no qual foi restabelecida a legitimidade ativa de entes públicos e governamentais lesados por atos de improbidade para ajuizamento da competente ação civil pública de improbidade (atuação sancionadora unilateral) e, por consequência, a legitimidade ativa para celebração de ANPCs (atuação sancionadora consensual), nos termos do art. 17-B. Nesta matéria, a legitimidade ativa disjuntiva é concorrente, de modo que o *Parquet* e o ente lesado podem propor a adoção dessa solução consensualizada, de forma independente ou conjunta, relativamente aos mesmos fatos apreciados à luz da LIA.

Ao incorporar o entendimento firmado pelo STF, o enunciado explicita que o ANPC poderá ser celebrado tanto por pessoas físicas quanto por pessoas jurídicas envolvidas no mesmo contexto delitivo de improbidade. Com efeito, a Lei nº 14.230, de 2021, não eliminou o tratamento normativo da responsabilidade cumulativa entre agentes públicos e terceiros (pessoas físicas e pessoas jurídicas), tal como sempre estabelecido nos arts. 2º e 3º da LIA. Neste aspecto, há clara distinção com a legitimidade exclusiva de pessoas jurídicas, aplicável ao acordo de leniência, na Lei nº 12.846, de 2013.

Qualquer pessoa física ou jurídica, passível de ser responsabilizada pela improbidade administrativa, tem assegurada legitimidade para pleitear a celebração de ANPC. Será inválida decisão negativa de ANPC fundada exclusivamente na condição subjetiva do proponente, pois não houve distinção legal, e ao intérprete não é dado diferenciar quando a lei não desiguala. Esse tipo de negativa afronta o art. 17-B, *caput*, bem como o princípio constitucional da impessoalidade (art. 37, *caput*, da CF).

O enunciado rejeita a tese de que haveria "direito público subjetivo das pessoas físicas e jurídicas investigadas, acusadas ou condenadas" na temática. Isso porque houve inegável atribuição de discricionariedade na estipulação de pressupostos e elementos do ato convencional, não sendo possível assinalar, então, a existência do dever jurídico de celebração, dado que referida hipótese ignoraria o regramento legal, que determina a valoração do interesse público na tratativa de ANPC, nas circunstâncias de cada caso concreto, notadamente porque se trata de negócio jurídico processual. A discricionariedade de eleição (celebrar ou não celebrar o ANPC) acarreta a não conformação de obrigatoriedade na formação da avença, o que, todavia, não autoriza arbitrariedade ou quebra dos princípios constitucionais da atividade administrativa.

O art. 17-B, §4º estabelece que o ANPC poderá ser celebrado no curso da investigação de apuração do ilícito, no curso da ação de improbidade ou no momento da execução da sentença condenatória. Não persecução, por conseguinte, tem o significado normativo de "rápida solução do caso" (art. 17-B, §2º), tendo ou não havido a judicialização.

Independentemente da fase ou momento processual que marca a dinâmica do sistema de responsabilização no caso concreto, o enunciado refere-se ao "direito à apreciação da hipótese de solução negocial, cabendo aos legitimados motivar expressamente as razões de eventual negativa de proposição no caso concreto". Trata-se do direito de fundamentação ou motivação da decisão negativa de ANPC, por parte do MP competente ou do ente federativo lesado, na fase administrativa ou na fase judicial.

A motivação deve observar as exigências já assinaladas na Lei Geral de Processo Administrativo (Lei nº 9.784/1999), destacadamente vertendo justificação tempestiva, lógica, suficiente e congruente para a recusa à solução consensual. Certamente que a singularidade de cada caso, ou de cada postulante no mesmo contexto delitivo, poderá ensejar diversidade de manifestações positivas ou negativas sobre a celebração de ANPC, tanto na órbita do MP competente, quando na órbita do ente lesado, daí por que se revela necessário dar efetividade à motivação contextual da recusa, expressiva da não configuração de atuação estatal arbitrária.

A motivação deve ser expressa, consoante o entendimento firmado pelo enunciado. Logo, há necessidade de produção de ato administrativo específico para apreciar o pedido. Em rigor, esta postulação é forma própria de exercício do direito de petição, assegurado pela Constituição Federal, e, logo, exige resposta estatal adequada. Pontuar que seja motivação expressa lança luz na necessidade de controle do ato de indeferimento. Quando apresentada proposta de ANPC, e vislumbrada a omissão arbitrária em não a apreciar, cabe a devida correção na órbita administrativa ou judicial competente, sendo inadmissível, pois, que à autoridade seja dado o direito de silenciar, eis que isso configuraria lançar mão da sua própria competência em sentido contrário à funcionalidade estabelecida pela lei, no arranjo institucional do ANPC.

A Lei nº 14.230, de 2021, não procedimentalizou, na íntegra, o processo administrativo de celebração de ANPC, disposto no art. 17-B. A despeito disso, a postulação pode ocorrer tanto pela autoridade competente, quanto pela pessoa física ou jurídica envolvida no caso de improbidade, devidamente representada pelo seu defensor, nos termos do art. 17-B, §5º. Entende-se que se trata de processo, e, logo, submetido às garantias do devido processo legal, adequadas ao fim público do ANPC. Sob esta perspectiva processual, é fundamental que o MP e entidades públicas promovam a devida regulamentação do ANPC, para que seja assegurada isonomia e segurança jurídica nas tratativas que ensejarão relevantes consequências no plano punitivo do sistema de responsabilização por atos de improbidade administrativa.

Dito isso, reputa-se relevante registrar, por fim, que não são apenas as decisões de rejeição ao ANPC (tomadas logo após a proposta ou ao longo da instrução processual desta demanda) que estão sujeitas ao dever de motivação. Esse dever alcança todas as decisões proferidas no curso do processo consensual, isso com vistas a possibilitar ao interessado o conhecimento da formação da vontade que será cristalizada no ato convencional final.

Informação bibliográfica deste texto, conforme a NBR 6023:2018 da Associação Brasileira de Normas Técnicas (ABNT):

OLIVEIRA, José Roberto Pimenta; VIANA, Ismar dos Santos. Comentários ao Enunciado nº 32. *In*: FORTINI, Cristiana; GODINHO, Heloísa Helena A. M.; BASTOS JUNIOR, Luiz Magno P.; SANTOS, Rodrigo Valgas dos (Coord.). *Comentários aos Enunciados do IBDA*: mudanças na Lei de Improbidade Administrativa. Belo Horizonte: Fórum, 2024. p. 169-172. ISBN 978-65-5518-727-4.

# COMENTÁRIOS AO ENUNCIADO Nº 33

**JULIANA BONACORSI DE PALMA**
**MATEUS CAMILO RIBEIRO DA SILVEIRA**

> **Enunciado nº 33: A expressão "ente federativo lesado", indicada no artigo 17-B, §1º, I, da Lei nº 8.429/92, deve ser compreendida como indicativa da pessoa jurídica lesada pelo ato de improbidade.**

O art. 17-B, §1º, inc. I, da Lei nº 8.429/92, com as alterações dadas pela Lei nº 14.230/2021, tem o seguinte teor:

> Art. 17-B. O Ministério Público poderá, conforme as circunstâncias do caso concreto, celebrar acordo de não persecução civil, desde que dele advenham, ao menos, os seguintes resultados: (Incluído pela Lei nº 14.230, de 2021) (Vide ADI 7042) (Vide ADI 7043)
> §1º A celebração do acordo a que se refere o caput deste artigo dependerá, cumulativamente: (Incluído pela Lei nº 14.230, de 2021)
> I - da *oitiva do ente federativo lesado*, em momento anterior ou posterior à propositura da ação; [...]. (Incluído pela Lei nº 14.230, de 2021)

Neste novo regime, é obrigatória a oitiva do ente lesado para celebração do ANPC. Trata-se de um requisito de validade do acordo. Sempre existirá ente público lesado na improbidade administrativa, principalmente com a reconfiguração do ato de improbidade como necessariamente doloso. A lesão ao ente público é evidente nas hipóteses de prejuízo ao erário (art. 10), enquanto nas demais hipóteses o caso concreto irá indicar o tipo de dano ao Poder Público, que poderá ser, por exemplo, de ordem patrimonial, principiológica, de boa gestão pública etc.

A definição do ente público lesado pode ser aferida, por exemplo, a partir do âmbito em que lesada a probidade administrativa no caso concreto. Se houve pagamento de propina e, portanto, lesão ao valor da honestidade por agente público de determinado Estado, na forma do art. 9º, da Lei nº 8.429/92, ainda que sem prejuízo ao erário, será aquele ente público a pessoa jurídica lesada para efeito da celebração de ANPC.

Sem a manifestação expressa do ente lesado, o ANPC celebrado entre Ministério Público e acusado será nulo de pleno direito na medida em que o ente deixa de exercer o direito ao contraditório e à ampla defesa de seus direitos e interesses na pactuação – basta salientar que as cláusulas pactuadas se relacionam diretamente com a ação ou omissão em debate, seja por uma razão de causa (que ensejou a celebração do acordo), seja por uma razão de consequência (obrigações de dar, fazer e não fazer que endereçam a situação concreta). Porém, na dinâmica de celebração do ANPC entre o próprio ente público lesado e o acusado, dinâmica essa reconhecida pelo STF nas ADIs nºs 7.042 e 7.043, em 2022, estará, a princípio, satisfeito esse requisito.

Para disciplina do acordo de não persecução civil (ANPC), a Lei nº 14.230/2021 considerou experiências jurídicas relevantes na consensualidade: o acordo de leniência no regime da Lei do Cade (Lei nº 12.529/2011) e da Lei Anticorrupção (Lei nº 12.846/2013); o termo de ajustamento de conduta – TAC da Lei da Ação Civil Pública (Lei nº 7.347/85); e o próprio acordo de não persecução penal – ANPP. Na prática, o legislador se antecipou a possíveis dúvidas jurídicas que já foram evidenciadas na celebração desses vários acordos para, desde já, definir em seu texto obrigações e direitos a título de solução jurídica. Assim, a Lei nº 14.230/2021 trouxe elementos da experiência consensual pública para a Lei de Improbidade Administrativa, fazendo de muitos dos encaminhamentos práticos e jurisprudências regra.

No tema em comento – oitiva do ente público lesado –, a experiência que ensejou a redação do art. 17-B, §1º, inc. I, foi justamente a dos TACs celebrados pelo Ministério Público. Casos houve em que o Poder Público lesado pelos danos morais e patrimoniais que ensejam responsabilidade em ação civil pública, como danos ao meio ambiente ou a bens históricos (art. 5º, Lei nº 7.347/85), não participou da pactuação dos TACs nem foi convidado a se manifestar sobre os seus termos. Isso gera uma distorção na medida em que são definidas obrigações entre Ministério Público e acusado para mitigação dos danos sofridos pelo Poder Público sem a sua anuência. Basta cogitar que as várias obrigações de dar e fazer se perfazem na esfera administrativa sem que o Poder Público, diretamente interessado em função dos danos sofridos ou da condição de destinatário do TAC, tenha voz ativa na negociação ou, no limite, expresse a sua anuência prévia. Cogite-se, por exemplo, a obrigação de dar material de informática ou a obrigação de reformar um prédio municipal para adequá-lo às normas de acessibilidade em favor do município sem o seu consentimento. Ainda pior, cláusulas que prevejam obrigações ao Poder Público sem a sua participação direta, como na fiscalização do cumprimento das obrigações.[1]

Sérios problemas decorrem da celebração de acordos sem a prévia manifestação do ente público lesado. O primeiro, mas óbvio, corresponde à subversão do direito das obrigações em sujeitar o ente público lesado à relação obrigacional sem a sua aquiescência, quando as cláusulas definirem deveres ao Poder Público como a fiscalização dos acordos, o deferimento de atos públicos de liberação, o alívio regulatório, inclusive no exercício do poder de polícia etc.

Em segundo lugar, as cláusulas do acordo podem impactar, positiva ou negativamente, o planejamento público. Considere a hipótese de uma cláusula que preveja a construção de um abrigo de ônibus em determinada localidade quando o Poder Público já contratou empresa para realizar uma série de construção de abrigos ou mesmo que, naquela localidade, haverá mudança do itinerário do transporte público urbano e o abrigo restará inutilizado. Ainda, o exemplo de uma cláusula de acordo que preveja a construção de creche a ser administrada posteriormente pelo Poder Público, a suas expensas. Nessa mesma linha, a cláusula de construção de creche quando o Poder Público adota uma política pública de parceria com instituições privadas para o oferecimento de vagas públicas em creches particulares.

Por fim, a sempre relevante questão de interesse público se faz presente. Fato é que qualquer acordo deve ser direcionado ao "interesse geral", por expresso mandamento do art. 26 da LINDB, a cláusula geral de consensualidade administrativa que se aplica supletivamente ao regime da Lei de Improbidade Administrativa.[2] Porém, quem define o interesse público? Os entes públicos são legitimados constitucionalmente a definir o interesse público, de modo que os acordos com cláusulas direcionadas ao ente público lesado devem se coadunar com o interesse público por ele definido. Considerando que apenas no plano concreto é possível definir o interesse público, o ente público lesado

---

[1] Cf. LEITE, Fernanda. *Desconstrução da natureza regulamentar dos termos de ajustamento de conduta (TACs)*. Dissertação (Mestrado) – FGV Direito SP, São Paulo, 2020. p. 38 e ss.

[2] Cf. GUERRA, Sérgio; PALMA, Juliana Bonacorsi de. Art. 26 da LINDB. Novo regime jurídico de negociação com a Administração Pública. *Revista de Direito Administrativo*, Rio de Janeiro, p. 146-165, 2018. Edição Especial.

precisa se manifestar no processo de negociação do ANPC para indicar o quanto as cláusulas propostas são, ou não, condizentes com o interesse público. Assim, para respeito à regra de competência para a gestão pública, deve-se reservar ao ente público lesado o direito de se manifestar sobre a adequação das cláusulas minutadas ao interesse público. Eventualmente, a readequação de prédio público para cumprimento das regras de acessibilidade pode não ser medida de interesse público no caso concreto porque, por mais nobre que seja, ela não minimiza os danos percebidos com a suposta prática do ato de improbidade administrativa. Ainda, o ente público lesado pode entender que há outras formas mais efetivas de cumprimento das obrigações de dar e de fazer: imagine, por exemplo, que o prédio em que se pretenda realizar a reforma para acessibilidade não recebe público, ao passo que a biblioteca municipal carece de reformas estruturais para evitar perecimento de seu acervo em dias chuvosos, por exemplo.

Por essa razão a Lei nº 14.230/2021 inseriu a *obrigatoriedade* de oitiva do ente público lesado e, mais detidamente, o Enunciado nº 33 do IBDA clarifica que o termo "ente público lesado" corresponde à "pessoa jurídica lesada" pelo pretenso ato de improbidade administrativa. Como analisado, há uma necessária correlação entre *dano* ou *lesão* e *obrigações pactuadas no ANPC*, de modo que apenas aquele que especificamente sofreu tem o direito à oitiva na negociação do ANPC e dizer o interesse público no caso concreto. Tanto assim que o art. 17-B, *caput*, inc. II, indica como um dos resultados do ANPC "a reversão à pessoa jurídica lesada da vantagem indevida obtida".

Considerando que a Administração Pública é estruturalmente complexa, com uma variedade de órgãos e entes personificados, a oitiva deve ser realizada com o respectivo representante. Não faz sentido, por exemplo, que a Procuradoria-Geral represente uma empresa estatal na oitiva de negociação do ANPC. A personificação precisa ser levada a sério, cabendo ao corpo técnico e jurídico da pessoa jurídica com personalidade própria no âmbito da Administração Pública participar da oitiva do ANPC. Isto, todavia, não impede a participação da Procuradoria-Geral do ente federativo, se igualmente lesado, ao lado da estatal, ou se sua supervisão técnico-jurídica estiver amparada em dispositivo legal ou constitucional.

Embora não esteja expressamente previsto na lei ou no enunciado em comento, nos casos em que o dano seja percebido por órgão público, recomenda-se que seus respectivos representantes estejam presentes na oitiva. Em prol da eficiência do ANPC, espera-se que o órgão que sentiu os efeitos adversos da improbidade participe da oitiva para apresentar, com maior propriedade técnica, as circunstâncias do caso concreto e a efetividade do desenho das cláusulas do ANPC em conformidade com o interesse público no caso concreto.

Informação bibliográfica deste texto, conforme a NBR 6023:2018 da Associação Brasileira de Normas Técnicas (ABNT):

PALMA, Juliana Bonacorsi de; SILVEIRA, Mateus Camilo Ribeiro da. Comentários ao Enunciado nº 33. *In*: FORTINI, Cristiana; GODINHO, Heloísa Helena A. M.; BASTOS JUNIOR, Luiz Magno P.; SANTOS, Rodrigo Valgas dos (Coord.). *Comentários aos Enunciados do IBDA*: mudanças na Lei de Improbidade Administrativa. Belo Horizonte: Fórum, 2024. p. 173-177. ISBN 978-65-5518-727-4.

# COMENTÁRIOS AO ENUNCIADO Nº 34

MARCÍLIO BARENCO CORRÊA DE MELLO
RENATA LANE

**Enunciado nº 34: A análise a ser empreendida pelo Poder Judiciário na homologação dos acordos de não persecução cível, prevista no art. 17-B, §1º, III, da Lei de Improbidade Administrativa, deve se pautar pela deferência, concentrando-se na regularidade, na voluntariedade e na legalidade do acordo.**

## 1 Premissas fundamentais: sindicabilidade e homologação pelo Poder Judiciário sob as perspectivas do princípio da deferência e dos requisitos de existência e validade

O Enunciado nº 34 parte de duas premissas básicas.

A primeira é a de que a homologação de acordo de não persecução cível realizada pelo Poder Judiciário deve se pautar pelo princípio da deferência, cuja especificidade de conhecimento do tema é deferida à autoridade pública celebrante, dentro dos limites do seu poder discricionário na celebração de negócios jurídicos bilaterais.

A segunda premissa é a de que, para além da primazia da deferência, a sindicabilidade pelo Poder Judiciário deve concentrar-se sobre os requisitos mínimos de existência e validade dos negócios jurídicos bilaterais.

## 2 Requisitos de existência e validade (regularidade, voluntariedade e legalidade)

Em se tratando de um acordo bilateral, o acordo de não persecução cível deverá envolver necessariamente a instauração de um procedimento prévio à sua celebração (procedimentalidade instrumental), livre exercício de manifestação de consentimento dos compromissários e observância da estrita legalidade nas tratativas da celebração até sua formalização.

Tratam-se, portanto, de condições mínimas de existência e validade que deverão ser sindicadas pelo Poder Judiciário no ato de homologação do acordo de não persecução cível.

A instauração de procedimento prévio para celebração do acordo decorre do requisito de regularidade, para que sejam possibilitados o exercício de direitos e cumprimento de deveres pelos legitimados ativos (Ministério Público, pessoa jurídica lesada da Administração direta – entes da Federação – ou da Administração Pública indireta). De igual modo, em sede de legitimidade passiva, deve ser assegurada a participação efetiva de todos "interessados" no objeto da transação por acordo bilateral, durante a tramitação do procedimento prévio à celebração.

A livre manifestação de vontade representa requisito de validade do acordo de não persecução cível, tal como o são a capacidade de fato do compromitente, a existência de um objeto lícito, possível, determinado ou determinável, e a observância de forma prescrita e não defesa em lei.

A seu turno, quanto ao compromitente não há que se falar em livre manifestação da vontade do representante do celebrante, uma vez que sempre representará interesse tutelado pela própria Administração Pública ou pessoa jurídica lesada, cujos limites de competência legal e representação estarão previamente estabelecidos na lei ou instrumento de mandato, abrangendo o escopo administrativo da competência legal.

Por fim, em sede de exame de legalidade, o compromisso deverá estar lastreado na instrumentalidade de um procedimento formal antecedente à celebração da transação, a possibilitar posterior sindicabilidade quanto à eventual existência de vícios decorrentes dos negócios jurídicos, afastando-se os perniciosos vícios da vontade dos celebrantes, decorrentes sobretudo do erro, dolo, coação, estado de perigo ou lesão, entre outros.

## 2.1 Da regularidade instrumental: procedimento prévio

A necessidade de instauração de procedimento prévio à celebração do acordo de não persecução cível decorre do princípio da instrumentalidade das formas, que não constitui um fim em si mesmo, mas representa meio para atingimento de determinado resultado. Pela via do negócio jurídico bilateral celebrado, põe-se a termo o conflito de interesses, atinge-se o resultado de forma mais ágil e eficaz, resultando na imediata realização do objeto do interesse público almejado, dotando o procedimento de maior segurança jurídica às partes celebrantes.

## 2.2 A existência e a validade do negócio jurídico (consentimento e legalidade)

Os requisitos mínimos de existência do acordo devem atentar para o agente celebrante, consentimento pessoal ou competência legal, e a causa da celebração. Já no plano da validade, serão possíveis de sindicabilidade, desde que haja a formalização procedimental para aferição dos elementos de capacidade de fato ou representação do agente, sua livre manifestação do consentimento ou autorização normativa, a licitude e determinabilidade do objeto, e a forma prescrita e não proibida em lei.

A segurança jurídica dos celebrantes, na qual residem o exercício de direitos e o cumprimento de deveres mútuos, depende de instauração de procedimento formal prévio, com ampla participação de legitimados e interessados, constituído por chamamento ao procedimento por ato de ciência inequívoca das partes, oportunizando-se a realização de atos procedimentais indispensáveis à efetividade do negócio jurídico celebrado.

A efetiva participação de "interessados" também serve de mecanismo de eficácia do objeto do acordo a ser celebrado, posto que a especificidade de determinadas matérias pode levar à inexequibilidade do negócio jurídico, cujas balizas não estejam em estrita observância de normas técnicas para o qual foi instituído.

# 3 Princípio da deferência e completude do objeto (mérito do acordo) na homologação pelo Poder Judiciário

A nova redação dada à Lei de Improbidade Administrativa pela Lei nº 14.230/21 estabeleceu diversos requisitos legais para a celebração do contrato, como o integral ressarcimento ao erário, sua reversão à pessoa jurídica lesada, a necessidade de avaliar a personalidade do agente, a natureza, as circunstâncias, a gravidade e a repercussão social do ato de improbidade, bem como as vantagens, para o interesse público, da rápida solução do caso. Além disso, há necessidade da oitiva da pessoa jurídica lesada e da aprovação pelo órgão do Ministério Público competente para as promoções de arquivamento de inquéritos civis, nos casos de acordo pré-processuais.

Ou seja, a legislação prevê uma intensa participação dos órgãos de persecução competentes, inclusive a necessária oitiva da pessoa jurídica lesada, nos acordos negociados pelo Ministério Público. Prevê, ainda, um mecanismo de controle interno ao estabelecer a necessidade de aprovação pelo órgão superior competente (Conselho Superior do Ministério Público ou Câmara de Coordenação e Revisão) nos acordos extrajudiciais.

A obrigatória oitiva da pessoa jurídica lesada, durante o processo judicial de homologação, permite superar eventuais divergências entre os órgãos de persecução, visando pacificar o conflito e garantir segurança jurídica. No mesmo sentido será a oitiva do Ministério Público que atue como fiscal da lei nas ações de improbidade administrativa ajuizadas pela pessoa jurídica.

Além disso, a positivação da consensualidade no direito sancionador, bem como o sistema processual de incentivo à solução de conflitos por autocomposição, inclusive com a possibilidade de interrupção do prazo para contestação, por prazo não superior a 90 dias, previsto no art. 17, §10-A, com nítido intuito de estimular a celebração do acordo de não persecução civil, consagra um modelo de primazia à solução negociada entre as partes, sem a participação do Poder Judiciário.

Assim, respeitados os requisitos legais fixados pela Lei nº 14.230/21, caberá ao Poder Judiciário a homologação do acordo entabulado pelas partes, com deferência aos termos acordados, não adentrando ao mérito do acordo.

Com efeito, a legislação conferiu aos órgãos de persecução a competência para a negociação dos termos do acordo, fixando requisitos mínimos estabelecidos pela lei de regência, mas conferindo discricionariedade regrada quanto ao seu conteúdo.

Logo, não caberá ao Poder Judiciário participar das negociações, estabelecer cláusulas ou exercer qualquer juízo de valor sobre o conteúdo definido pelas partes.

Neste cenário, caso o juiz não concorde com os termos definidos pelas partes poderá, tão somente, recusar a homologação, em decisão devidamente motivada, permitindo a avaliação pelas partes, até mesmo possibilitar nova proposta de ANPC ou recurso da decisão judicial.

Este posicionamento não é unânime. Fernando da Fonseca Gajardoni defende que é dever do Judiciário verificar se as condições fixadas na avença são suficientes para o atendimento do interesse público, aumentando os filtros de controle.[3] Alexandre Alberto de Azevedo Magalhães, Beatriz Lopes de Oliveira e Wallace Paiva Martins Junior defendem que o papel do Poder Judiciário envolve, também, a análise do próprio conteúdo da avença, já que o litígio envolve direitos indisponíveis.[4]

Contudo, o enunciado compreendeu que a legislação conferiu às partes a competência para a negociação do ANPC. A homologação judicial é condição de eficácia do acordo, devendo ser verificada a observância dos requisitos legais, mas se pautando pela deferência quanto ao conteúdo livremente estipulado pelas partes.

Informação bibliográfica deste texto, conforme a NBR 6023:2018 da Associação Brasileira de Normas Técnicas (ABNT):

MELLO, Marcílio Barenco Corrêa de; LANE, Renata. Comentários ao Enunciado nº 34. *In*: FORTINI, Cristiana; GODINHO, Heloísa Helena A. M.; BASTOS JUNIOR, Luiz Magno P.; SANTOS, Rodrigo Valgas dos (Coord.). *Comentários aos Enunciados do IBDA*: mudanças na Lei de Improbidade Administrativa. Belo Horizonte: Fórum, 2024. p. 179-183. ISBN 978-65-5518-727-4.

[3] GAJARDONI, Fernando da Fonseca *et al*. *Comentários à nova Lei de Improbidade Administrativa*: Lei nº 8.429/92 com as alterações da Lei nº 14.230/21. 5. ed. São Paulo: Thomson Reuters Brasil, 2021. p. 388-390.

[4] MARTINS JUNIOR, Wallace Paiva; MAGALHÃES JUNIOR, Alexandre Alberto de Azevedo; OLIVEIRA, Beatriz Lopes de. *Lei de Improbidade Administrativa comentada*. São Paulo: JusPodivm, 2023. p. 267.

# COMENTÁRIOS AO ENUNCIADO Nº 35

**VANICE REGINA LÍRIO DO VALLE**
**DAVI MARQUES DA SILVA**

**Enunciado nº 35: Nos termos do artigo 26, §1º, IV, da Lei de Introdução às Normas do Direito Brasileiro, de aplicação subsidiária nas ações de improbidade administrativa, constitui requisito de validade do acordo de não persecução civil a fixação de prazo para seu cumprimento, findo o qual será feita análise para fins de deferimento do termo de quitação.**

Requisitos do acordo de não persecução civil e a aplicação subsidiária do art. 26 §1º, inc. IV, da LINDB.

## 1 Introdução

A Lei de Introdução às Normas do Direito Brasileiro – LINDB, antiga Lei de Introdução ao Código Civil, sempre foi adotada nos cursos de Direito como um guia interpretativo geral para os operadores desta ciência nos anos iniciais da formação do advogado.

Embora tenha sofrido críticas de parte da doutrina em anos mais recentes, em função de uma alegada tentativa de fechamento cognitivo da interpretação, é fato que o seu manejo confere maior segurança em função dos parâmetros objetivos que confere ao intérprete.

As inovações trazidas pela Lei nº 13.655/2018 introduziram novas discussões e embates doutrinários que visaram um aperfeiçoamento da disciplina, em especial no campo do direito público, apontando problemas interpretativos e falhas redacionais que poderiam produzir efeitos contrários aos pretendidos pela normatização examinada.

A par de todos os problemas relacionados acima, não há dúvidas de que o uso de um guia normativo claro e objetivo confere maior segurança nas relações jurídicas, em especial, àquelas dotadas de uma possível desigualdade de forças quando está em jogo a compatibilização de interesses privados e interesses públicos legítimos.

O Enunciado nº 35 do IBDA visa à eliminação da incerteza jurídica quanto à extensão das obrigações firmadas em sede de acordo de não persecução civil, entre os interessados (poder público *lato* senso e particular), quanto a fixação de prazo para a sua implementação.

## 2 A regulamentação do ANPC pela Lei nº 8.429/1992 com a redação da Lei nº 14.230/2021

Ao disciplinar a solução consensual da questão jurídica posta em causa nas ações de improbidade administrativa, a Lei nº 14.230/2021 introduziu, na redação do art. 17-B, a possibilidade de o Ministério Público buscar uma composição para a ação de improbidade mediante renúncias recíprocas de ambas as partes, fixando ainda alguns critérios para garantia da validade do dito acordo de não persecução civil – ANPC.[1]

Todavia, o referido dispositivo, a par de todos os cuidados e detalhes propostos pelo texto normativo no sentido de garantia de uma negociação realmente equânime, mediante o estabelecimento de garantias aos agentes privados, pessoas físicas ou jurídicas, não estipulou, como componente obrigatório do instrumento de solução consensual, a fixação de prazo de execução dos ditos compromissos mútuos pactuados.

É relevante ainda destacar que o §7º, do referido art. 17-B da LIA, impõe uma limitação temporal de 5 (cinco) anos para que o beneficiário de um ANPC, em caso de descumprimento do acordo, possa celebrar tratativas visando à celebração de novo instrumento de solução consensual desta natureza. O fechamento lógico do sistema exigirá, portanto, a fixação de um prazo de quitação das obrigações, sem o que o art. 17-B, §7º da LIA terá inviabilizada a sua aplicação.

---

1 O STF, no julgamento das ADIs nº 7.042 e 7.043, julgadas em conjunto, entendeu no sentido de que as instituições prejudicadas teriam também a competência para o ajuizamento da ação de improbidade, bem como a prerrogativa legal de realizar acordo de não persecução civil, destacando que reconheceu "a existência de legitimidade ativa concorrente e disjuntiva" entre o Ministério Público e as pessoas jurídicas interessadas para a propositura da ação por ato de improbidade administrativa e para a celebração de acordos de não persecução civil (Supremo Tribunal Federal – STF, Tribunal Pleno, Rel. Min. Alexandre de Moraes. *DJe*, 28 fev. 2023, divulgado em 27.2.2023).

## 3 A importância da disciplina do art. 26, §1º, inc. IV, na pacificação das questões envolvendo o Poder Público

Pode-se afirmar, sem medo de errar, que o contexto das inovações legislativas no campo da defesa da probidade encontra-se inserido num microssistema de defesa contra a corrupção. Isso se afirma diante da subscrição pelo Brasil de todas as convenções internacionais de combate à corrupção,[2] incluindo a lavagem de capitais.

Nos referidos diplomas, uniformemente, há disciplina visando à participação dos agentes econômicos privados a envolverem-se nas iniciativas de combate à corrupção.

Ora, a ausência de um prazo de cumprimento das obrigações não produz os incentivos necessários para que agentes privados tomem a iniciativa de buscar soluções pactuadas de resolução de conflitos envolvendo condutas ímprobas de agentes públicos. Afinal, a pessoa imputada (investigado ou demandado na dicção legal) busca a instituição de controle ou a própria administração, expõe as entranhas mais inconfessáveis dos seus negócios e, mais adiante, permanece indefinidamente sob o crivo censor da entidade.

Por outro lado, a aplicação subsidiária do disposto no art. 26, §1º, IV da LINDB, a par de sua harmonia com a disciplina da ordem internacional com a defesa da probidade, s.m.j, é consequência direta da omissão legislativa geradora de perplexidade, em decorrência do não condicionamento à validade do ANPC à fixação de uma cláusula temporal de execução do dito acordo.

Assim, conclusivamente, a celebração de ANPC deve ser condicionada ao estabelecimento de prazo de execução das obrigações contraídas no dito negócio jurídico processual.

---

[2] BRASIL. Presidência da República. *Decreto nº 5.015, de 12 de março de 2004*. Promulga a Convenção das Nações Unidas contra o Crime Organizado Transnacional. BRASIL. Presidência da República. *Decreto nº 3.678, de 30 de novembro de 2000*. Promulga a Convenção sobre o Combate da Corrupção de Funcionários Públicos Estrangeiros em Transações Comerciais Internacionais, concluída em Paris, em 17 de dezembro de 1997. BRASIL. Presidência da República. *Decreto nº 5.687, de 31 de janeiro de 2006*. Promulga a Convenção das Nações Unidas contra a Corrupção, adotada pela Assembléia-Geral das Nações Unidas em 31 de outubro de 2003 e assinada pelo Brasil em 9 de dezembro de 2003. BRASIL. Presidência da República. *Decreto nº 4.410, de 7 de outubro de 2002*. Promulga a Convenção Interamericana contra a Corrupção, de 29 de março de 1996, com reserva para o art. XI, parágrafo 1º, inciso "c".

Informação bibliográfica deste texto, conforme a NBR 6023:2018 da Associação Brasileira de Normas Técnicas (ABNT):

VALLE, Vanice Regina Lírio do; SILVA, Davi Marques da. Comentários ao Enunciado nº 35. *In*: FORTINI, Cristiana; GODINHO, Heloísa Helena A. M.; BASTOS JUNIOR, Luiz Magno P.; SANTOS, Rodrigo Valgas dos (Coord.). *Comentários aos Enunciados do IBDA*: mudanças na Lei de Improbidade Administrativa. Belo Horizonte: Fórum, 2024. p. 185-188. ISBN 978-65-5518-727-4.

# COMENTÁRIOS AO ENUNCIADO Nº 36

**LUIZ MAGNO PINTO BASTOS JUNIOR**
**JOSÉ SÉRGIO DA SILVA CRISTÓVAM**

**Enunciado nº 36: Com o advento da Lei nº 14.230/2021, nas ações de improbidade administrativa em curso, cabe ao juiz examinar os fatos para verificar o enquadramento típico da infração quanto à presença ou não do dolo específico (Tema 1199/STF), ficando vedado ao autor da ação alterar, após a citação, a narrativa dos fatos, a causa de pedir e os pedidos, na pretensão de imputar aos réus conduta diversa da narrada na inicial.**

## Introdução

Este enunciado diz respeito a uma das questões mais desafiadoras em matéria de direito intertemporal aplicada à LIA, qual seja, a extensão e os limites da autoridade judicial ao proferir a decisão de organização do processo destinada a concretizar as mudanças da nova LIA nos casos em andamento.

O enunciado apresenta três núcleos centrais: (a) competência do juiz da causa para fazer o enquadramento da conduta dos processos em curso; (b) o dever de adequação deve tomar como referência o dolo específico requerido pela LIA; e (c) o autor não poder alterar, após a citação, os termos em que a lide foi delimitada quando de sua propositura.

Com acerto, as questões foram postas com muita clareza e permitem a exploração de diversos aspectos decorrentes da natureza sancionadora do regime de apuração de improbidade administrativa. Aqui serão abordadas de maneira muito objetiva três questões específicas: (i) o dever de prolação de decisão pela autoridade judicial; (ii) abrangência dos efeitos do Tema nº 1.199; e (iii) as restrições em face à estabilização da demanda.

## 1 Dever de prolação de decisão de saneamento

Não sem críticas, ao fixar a tese no Tema nº 1.199, o STF declarou que a Lei nº 14.230/2021 seria irretroativa, porque suas alterações não teriam o condão de desconstituir a coisa julgada e que o novel regime prescricional deveria ser aplicado a partir da data da promulgação da norma. No entanto, com relação ao Enunciado nº 36, o ponto central de análise diz respeito ao comando constante do item 3 da tese, por meio do qual o STF assentou que deveria "o juízo competente analisar eventual dolo por parte do agente".

A primeira parte do Enunciado nº 36 consigna: "[...] cabe ao juiz examinar os fatos para verificar o enquadramento típico da infração quanto à presença ou não do dolo específico (Tema 1199/STF)". No ponto, com acerto, o enunciado fixa que deve ser perquirida a existência de dolo específico, inclusive com as novas qualificações previstas na LIA.

Trata-se de atribuição do órgão jurisdicional perante o qual tramita o processo, independentemente da instância recursal em que se encontrar, em estrita conexão com os comandos prescritos nos §§7º e 10-C do art. 17 da LIA, que prescrevem as condições para o processamento da ação de improbidade administrativa (com as hipóteses de indeferimento da inicial) e, ainda, que impõem uma nova exigência ao magistrado de proferir decisão "na qual indicará com precisão a tipificação do ato de improbidade administrativa imputável ao réu, sendo-lhe vedado modificar o fato principal e a capitulação legal apresentada pelo autor".

Trata-se de uma típica decisão de saneamento e de organização do processo, à semelhança do comando fixado no art. 357 do CPC/15 e, por força da entrada em vigor da nova LIA, ainda que já tenha ocorrido a decisão de admissão do processamento da ação de improbidade (art. 16, §8º, revogado), a decisão sobre o pedido de especificação de provas, os atos de instrução e, inclusive, a prolação de sentença. Nesta última hipótese, a questão há de ser enfrentada na instância recursal própria.

Esta nova decisão a ser proferida deve ser precedida de prévia intimação das partes (a começar pela acusação), para que se manifestem sobre as repercussões da nova LIA sobre o caso concreto. Faz-se imprescindível que as partes sejam instadas a se manifestar, a fim de que os argumentos sejam processados à luz do contraditório e nos termos fixados pelo art. 10 do CPC/15. Inclusive, se não existir intimação específica para que as partes se manifestem, elas podem requerer diretamente ao juízo, explicitando suas razões, em face do que deve ser intimada a parte contrária para se manifestar.

Quando o processo estiver em grau recursal os encaminhamentos serão outros, em todo o caso, imprescindível a prévia manifestação das partes.

Perante as instâncias ordinárias, dada a devolutividade ampla própria destes recursos, os tribunais devem promover decisão semelhante àquela que se exige do juízo de primeiro grau. Ademais, inclusive em razão dos poderes instrutórios confiados às cortes (art. 370 c/c art. 932, inc. I do CPC/15), nada impede que a instância recursal determine a realização de atos de instrução complementares (p. ex., realização de perícia para a aferição de comprovação de dano efetivo ao erário, exigência que passou a constituir um dos elementos que integram a tipificação dos atos ímprobos descritos no art. 10 da LIA).

Por seu turno, quando os recursos estiverem sendo processados perante as instâncias extraordinárias (STF e STJ), a questão deve ter encaminhamento distinto. Estes recursos estão sujeitos à efeito devolutivo limitado em razão do qual as cortes de vértice encontram-se adstritas às questões de direito especificamente impugnadas e que não dependam de reexame das provas produzidas (súmulas nºs 7/STJ e 279/STF).

Nestes casos, somente seria possível às cortes aplicarem diretamente a nova LIA nas hipóteses em que a decisão recorrida reconheceu o ato de improbidade com base em conduta culposa (hipótese expressamente enfrentada no Tema nº 1.199/STF) e conduta que foi descriminalizada com a edição da nova lei (esse ponto será retomado adiante). Ainda, seria possível promover a reforma da sentença para reformar a penalidade aplicada (*e.g.*, condenação com base no art. 11 em que foi aplicada a sanção de suspensão dos direitos políticos e perda da função pública; condenação que consignou expressamente que a perda da função atingiria qualquer função exercida pelo acusado por ocasião do trânsito em julgado da ação de improbidade).

Não se encontrando a Corte diante de uma dessas situações, deverá determinar que o processo seja devolvido à instância ordinária a fim de que esta "avali[e] se a situação descrita nos autos enseja a retratação do julgado, para que adote as providências que foram definidas pela Suprema Corte no item 3 do Tema 1.199" (STJ, no AgInt nos EAREsp nº 1.625.988/SE, Rel. Min. Laurita Vaz, Corte Especial, j. 1º.2.2023).

## 2 Abrangência da decisão de saneamento e aplicabilidade do Tema nº 1.199/STF

Questão que igualmente merece consideração diz respeito à abrangência do juízo de adequação a ser proferido pelo órgão jurisdicional. Isto é assim porque o precedente que deu origem à fixação de tese de repercussão geral (ARE nº 843.989/RS) enfrentou especificamente a situação de condenação culposa com base na redação anterior "qualquer ação ou omissão, dolosa ou culposa" (art. 10, *caput*).

Por esta razão, inúmeras foram as vozes que pretenderam reduzir o efeito vinculante da decisão às hipóteses de condenações culposas, o que afastaria o dever de empreender o juízo sobre as demais inovações benéficas introduzidas pela nova LIA.

Este foi o entendimento consolidado no STJ (AgInt no RE no AgInt nos EREsp nº 1.668.641, Rel. Min. Og Fernandes, Corte Especial, sessão virtual de 21.6 a 27.6.2023), expresso em algumas decisões monocráticas proferidas pelo próprio STF (Rcl nº 63.426 AgR, Rel. Min. Alexandre de Moraes, 1ª T., j. 4.12.2023; Rcl nº 57.235/AgR, Rel. Dias Toffoli, 2ª T, j. 25.9.2023).

No entanto, ao julgar embargos de divergência afetados ao Plenário do STF, prevaleceu o entendimento do Min. Gilmar Mendes segundo o qual "3. As alterações promovidas pela Lei 14.231/2021 ao art. 11 da Lei 8.249/1992 aplicam-se aos atos de improbidade administrativa praticados na vigência do texto anterior da lei, porém sem condenação transitada em julgado" (STF, ARE nº 803.568 AgR-segundo-EDv-ED, Rel. p/ac. Min. Gilmar Mendes, Tribunal Pleno, j. 22.8.2023).

Portanto, de acordo com a interpretação do próprio Supremo Tribunal Federal, os efeitos vinculantes extraídos do Tema nº 1.199/STF, em estrita observância às razões determinantes para a fixação da tese da irretroatividade, também se aplicam a todas aquelas situações em que teria ocorrido "descriminalização" das condutas concretamente imputadas aos acusados (ARE nº 803.568 AgR-segundo-EDv-ED, Rel. p/ ac. Min. Gilmar Mendes, Tribunal Pleno, j. 22.8.2023).

## 3 Estabilização da demanda e a impossibilidade de imputação diversa ao acusado

A parte final do enunciado consigna que "O autor da ação não pode alterar, após a citação, a *narrativa dos fatos*, a *causa de pedir* e os *pedidos* com a pretensão de imputar conduta diversa da narrada na inicial". Sem dúvidas, esta é uma das maiores contribuições deste enunciado.

Não há qualquer dúvida de que a parte autora tem a prerrogativa de alterar a causa de pedir e o pedido deduzido na inicial, desde que requerida até a data da citação do réu (art. 231 c/c art. 329, inc. I do CPC/15), ou após esta, com a sua expressa anuência (art. 231 c/c art. 329, inc. II do CPC/15). Trata-se daquilo que desde longa data a doutrina processual qualifica como estabilização da demanda. Portanto, está desautorizada a modificação do núcleo fático das demandas em processo sancionador.

É bem verdade que o acusado não se defende da capitulação feita na inicial, mas dos fatos que são descritos para a configuração da conduta delituosa. E, portanto, independentemente do enquadramento feito pelo autor em relação à hipótese tipificada na norma, o que lhe incumbe é descrever, com precisão, as condutas que imputa ao acusado, mediante sua individualização e a descrição dos comportamentos que atraiam a incidência do tipo incriminatório (art. 17, §6º-A da LIA).

O enunciado pretende deixar claro que a manifestação do autor sobre as consequências da promulgação da nova LIA *não pode* alterar a demanda que já se encontra estabilizada. Ou seja, não pode resultar em apresentar outras condutas (que não foram definidas na inicial) que possam resultar em uma alteração da imputação originariamente feita.

Nada obsta que o *Parquet*, na petição de adequação, retome a "narrativa dos fatos", conferindo-lhe melhor precisão, sobretudo quanto à participação dos acusados. Ou, ainda, que explicite os elementos capazes de evidenciar que a conduta praticada se amoldou à nova tipificação legal. Desde que não alterem a conduta imputada ao acusado, quer seja pela apresentação de fatos novos não descritos e subsumidos à causa de pedir, quer seja pela alteração da descrição da conduta do acusado para fins de responsabilização.

A "causa de pedir" configura elemento essencial para a configuração da relação processual. Ela pode ser inferida a partir da correlação entre os fundamentos da pretensão do autor (fáticos e jurídicos) e os pedidos expressamente deduzidos na inicial. E, por via de consequência, a alteração dos fatos que impacte nesta equação significa uma ofensa à garantia de estabilização das demandas. É o que já assentou o STJ, ao reconhecer a inaplicabilidade do art. 284 do CPC/73 (art. 321 do CPC/15), quando a demanda já tiver sido estabilizada, "quando a emenda implicar a alteração da causa de pedir ou do pedido, ou violar os princípios do contraditório e da ampla defesa" (STJ, REsp nº 1.678.947/RJ, Rel. Min. Nancy Andrighi, 3ª T, j. 13.3.2018).

Quanto aos pedidos deduzidos, nada obsta que o autor os altere para que o pedido de aplicação de sanção seja feito com base nas novas disposições constantes do art. 12 da LIA, ou, ainda, para que a conduta descrita na inicial seja especificamente enquadrada em novo tipo previsto na lei (*e.g.*, o pedido de condenação de gestor público pela prática de nepotismo, originariamente requerido com fundamento nos arts. 9º e 10, possa ser enquadrado na previsão agora expressa de ato de improbidade descrita no inc. XI acrescido ao art. 11). A ressalva prevista no enunciado, uma vez mais, ressalta a impossibilidade de que este novo enquadramento resulte na imputação pela prática de conduta diferente daquela que foi feita na inicial.

## Considerações finais

O Enunciado nº 36 vem em boa hora e fornece importantes parâmetros para a aplicação do comando insculpido no Tema nº 1.199/STF. Três foram os aspectos destacados nestes comentários:

(1) a autoridade judicial tem a incumbência de fazer o juízo de adequação da lide às inovações decorrentes da nova LIA, sempre após a oitiva das partes (a começar pela acusação) e durante as instâncias ordinárias (de primeiro e segundo graus); quando os processos estiverem tramitando em instâncias extraordinárias, se for possível aferir se tratar de hipótese de descriminalização de conduta, a própria instância pode reformar a decisão recorrida, caso contrário, teria que remeter às instâncias ordinárias para empreenderem eventual juízo de retratação;

(2) ao fixar o entendimento acerca da retroatividade mitigada da nova LIA, o juízo de adequação a ser feito pela autoridade judicial não se limita às hipóteses em que há imputação/condenação por conduta culposa, mas em relação à aplicação de todas as normas mais benéficas constantes do novo diploma;

(3) a estabilização das demandas impede que, após a citação, o autor promova qualquer alteração na narrativa dos fatos, na causa de pedir e nos pedidos que possam impactar

diretamente a imputação de novas condutas não descritas anteriormente.

---

Informação bibliográfica deste texto, conforme a NBR 6023:2018 da Associação Brasileira de Normas Técnicas (ABNT):

BASTOS JUNIOR, Luiz Magno Pinto; CRISTÓVAM, José Sérgio da Silva. Comentários ao Enunciado nº 36. *In*: FORTINI, Cristiana; GODINHO, Heloísa Helena A. M.; BASTOS JUNIOR, Luiz Magno P.; SANTOS, Rodrigo Valgas dos (Coord.). *Comentários aos Enunciados do IBDA*: mudanças na Lei de Improbidade Administrativa. Belo Horizonte: Fórum, 2024. p. 189-195. ISBN 978-65-5518-727-4.

---

# COMENTÁRIOS AO ENUNCIADO Nº 37

FLORIVALDO DUTRA DE ARAÚJO
MARILDA DE PAULA SILVEIRA

**Enunciado nº 37: A tese fixada pelo STF no Tema 1199 sobre a irretroatividade da revogação da modalidade culposa do ato de improbidade para ações transitadas em julgado contraria o art. 9º da Convenção Americana sobre Direitos Humanos por recusa de retroatividade da norma sancionatória mais benéfica ao acusado.**

Das alterações da Lei nº 8.429/1992 (Lei de Improbidade Administrativa – LIA) trazidas pela Lei nº 14.230/2021, uma das mais relevantes é a exclusão da espécie culposa de improbidade, que se achava prevista no art. 10 da LIA. Essa alteração levou ao debate acerca da retroatividade, ou não, da nova redação legal, em benefício daqueles que foram condenados ou estivessem a responder a ações de improbidade por ato culposo.

Ao julgar o Agravo em Recurso Extraordinário nº 843.989, o Supremo Tribunal Federal (STF) estabeleceu teses de repercussão geral relativas à nova redação da Lei nº 8.429/1992 (Tema nº 1.199). Entre essas teses, estão as seguintes:

> 2) A norma benéfica da Lei 14.230/2021 – revogação da modalidade culposa do ato de improbidade administrativa –, é IRRETROATIVA, em virtude do artigo 5º, inciso XXXVI, da Constituição Federal, não tendo incidência em relação à eficácia da coisa julgada; nem tampouco durante o processo de execução das penas e seus incidentes; 3) A nova Lei 14.230/2021 aplica-se aos atos de improbidade administrativa culposos praticados na vigência do texto anterior da lei, porém sem condenação transitada em julgado, em virtude da revogação expressa do texto anterior; devendo o juízo competente analisar eventual dolo por parte do agente.

Significa dizer que a norma que extinguiu a improbidade culposa retroage somente para atingir os processos em curso e os fatos ainda não processados, questão que o STF decidiu com a apertada maioria de seis votos favoráveis e cinco contrários.

O relator do recurso, Ministro Alexandre de Moraes, votou pela irretroatividade das disposições mais vantajosas para os acusados, enfatizando a natureza civil da ação de improbidade e salientando que os princípios constitucionais penais não se aplicam ao direito administrativo sancionador, incluindo a retroatividade da lei mais benéfica (art. 5º, XL, CF). Ao ressalvar os casos não transitados em julgado e os fatos não processados, o STF acaba por concluir pela não ultratividade da lei antiga, indicando que não é a nova lei que retrocede, mas sim a lei anterior que, uma vez revogada, não pode servir como fundamento para novas condenações.

Edson Fachin, Luís Roberto Barroso, Rosa Weber e Cármen Lúcia votaram pela irretroatividade total das novas disposições, enquanto André Mendonça, Dias Toffoli, Ricardo Lewandowski e Gilmar Mendes defenderam a retroatividade benéfica, inclusive para as hipóteses que haviam transitado em julgado.

A posição majoritária fundamentou-se na posição de que o princípio da retroatividade da lei penal mais benéfica (CF, art. 5º, XL), por ausência de expressa previsão legal, não tem aplicação à responsabilidade por ilícitos de improbidade administrativa, que teriam natureza cível, sinalizando que a extensão interpretativa poderia levar a um suposto enfraquecimento do direito administrativo sancionador. Os votos vencedores aderiram à tese de que o princípio da retroação da lei penal mais benéfica teria fundamento no princípio do *favor libertatis*, que não se estenderia à jurisdição civil.

Não obstante, um dos argumentos registrados em votos vencidos foi o da necessidade de observância do art. 9º da Convenção Americana sobre Direitos Humanos (CADH – Pacto de São José da Costa Rica), intitulado "Princípio da Legalidade e da Retroatividade", que assim prescreve:

> Ninguém pode ser condenado por ações ou omissões que, no momento em que forem cometidas, não sejam delituosas, de acordo com o direito aplicável. Tampouco se pode impor pena mais grave que a aplicável no momento da perpetração do delito. Se depois da perpetração do delito a lei dispuser a imposição de pena mais leve, o delinquente será por isso beneficiado.

A Emenda Constitucional nº 45/2004 incluiu na Constituição Federal (CF) o §3º do art. 5º, segundo o qual: "Os tratados e convenções internacionais sobre direitos humanos que forem aprovados, em cada Casa do Congresso Nacional, em dois turnos, por três quintos dos votos dos respectivos membros, serão equivalentes às emendas constitucionais".

O §2º do mesmo art. 5º estabelece que "Os direitos e garantias expressos nesta Constituição não excluem outros decorrentes do regime e dos princípios por ela adotados, ou dos tratados internacionais em que a República Federativa do Brasil seja parte".

Com base nesse §2º, o STF firmou entendimento de que os tratados de direitos humanos não aprovados pelo quórum indicado no §3º, embora não tenham força de norma constitucional, possuem valor de norma supralegal, ou seja, estão situados, na escala normativa interna, entre a Constituição e a legislação ordinária e complementar.[1]

O Brasil ratificou a CADH em 1992 e reconheceu a jurisdição da Corte Interamericana de Direitos Humanos (Corte IDH) em 1998.[2]

Como a CADH não foi incorporada ao direito brasileiro conforme o citado §3º do art. 5º, não goza de força de norma constitucional. Porém, em razão do §2º do art. 5º, possui *status* de diploma normativo supralegal.

O art. 2º da CADH dispõe que os Estados-Partes dessa Convenção devem adotar "as medidas legislativas ou de outra natureza que forem necessárias para tornar efetivos" os direitos e liberdades previstos na CADH.

Desse dispositivo decorre, inclusive com respaldo de pronunciamentos da Corte IDH, que o controle de convencionalidade, ou seja, a verificação da compatibilidade das normas internas com a CADH, deve ser levado a efeito por todos os órgãos dos Estados-Partes, incluindo o Poder Judiciário. E nesse controle deve-se observar não apenas as normas da CADH, mas também a interpretação destas pela Corte IDH.[3]

1 Recurso Extraordinário nº 466.343, Tribunal Pleno, Rel. Cezar Peluso, j. 3.12.2008.

2 A CADH foi promulgada no Brasil por meio do Decreto nº 678/1992. A declaração de reconhecimento da competência obrigatória da Corte IDH foi aprovada pelo Congresso Nacional por meio do Decreto Legislativo nº 89/1998 e promulgada pelo Decreto nº 4.463/2002.

3 Corte IDH, *Caso Almonacid Arellano y otros v. Chile*, acórdão de 26.09.2006, parágrafo 124. Corte IDH, *Caso Trabajadores Cesados del Congreso (Aguado Alfaro y otros) v. Perú*, acórdão de 24.11.2006, parágrafo 128. Corte IDH, *Caso Cabrera García y Montiel Flores v. México*, acórdão de 26.11.2010, parágrafo 225.

Na apreciação do Tema nº 1.199, os ministros Nunes Marques, Ricardo Lewandowski e Gilmar Mendes argumentaram que a retroatividade da revogação da modalidade culposa de improbidade é conclusão que decorre, entre outros argumentos, da aplicação do art. 5º, XL, da CF – "a lei penal não retroagirá, salvo para beneficiar o réu" – e também do art. 9º da CADH.

Mas a referida maioria dos ministros do STF considerou que, sendo de natureza civil as sanções por improbidade administrativa – o que decorre da redação do §4º do art. 37 da CF –,[4] não se aplica o art. 5º, XL, da CF.

Quanto à negação da natureza penal das sanções por improbidade administrativa, ela se encontra explícita no §4º do art. 37 da CF. Assim, trata-se de sanções de natureza administrativa, embora aplicadas pelo Poder Judiciário.

O Superior Tribunal de Justiça já decidia de forma reiterada que as ações de improbidade administrativa ostentam natureza civil. Cita-se como paradigma a Reclamação nº 2.723/SP, em que se afastou a competência da corte para julgamento de membro do Tribunal de Contas, registrando a compreensão de a improbidade não ostentar natureza penal.[5]

A matéria também já havia sido submetida ao Supremo Tribunal Federal, no julgamento da Lei nº 10.628/2002, que dispunha sobre o foro privilegiado para as ações de improbidade, ocasião em que a corte definiu, nas palavras do Ministro Cezar Peluso, que "a ação de improbidade – objeto do art. 37, inciso IV – [possui] nítida e escancaradamente de caráter civil [...]".[6] Não se pode desconsiderar, de outro lado, que a mesma Corte acabou por assemelhar as ações de improbidade aos crimes de responsabilidade em caso individual que envolvia ex-ministro de Estado.[7] O precedente, contudo, permanece isolado,

---

[4] "§4º Os atos de improbidade administrativa importarão a suspensão dos direitos políticos, a perda da função pública, a indisponibilidade dos bens e o ressarcimento ao erário, na forma e gradação previstas em lei, sem prejuízo da ação penal cabível".

[5] A conclusão se fundamentaria na Reclamação nº 591/SP e na obra de DELGADO, José Augusto. Improbidade administrativa: algumas controvérsias doutrinárias e jurisprudenciais sobre a Lei de Improbidade Administrativa. *Informativo Jurídico da Biblioteca Ministro Oscar Saraiva*, v. 14, n. 1, p. 21-42, 2002. p. 25-26.

[6] STF, Ação Direta de Inconstitucionalidade (ADI) nº 2.860, Rel. Sepúlveda Pertence, j. 15.9.2005.

[7] STF, Reclamação nº 2.138/DF, Tribunal Pleno, Rel. Nélson Jobim, redator do acórdão Gilmar Mendes, j. 13.6.2007.

uma vez que sequenciado pelo julgamento da Questão de Ordem na Petição nº 3.923, que segue prevalecendo com o pressuposto de que as ações de improbidade apresentam natureza civil.

Os precedentes, contudo, não formaram matriz sobre o regime jurídico constitucional incidente no procedimento a partir de seu incontestável caráter sancionador.

Esse pressuposto, com efeito, não parece o ponto mais conflituoso. O equívoco, no entanto, reside em afastar os princípios constitucionais que sejam aplicáveis não apenas à atividade punitiva penal, mas também à atuação sancionadora administrativa do estado. Alguns desses princípios são previstos em normas constitucionais cuja literalidade vale-se de expressões de uso mais comum no direito penal, o que se explica, historicamente, pelo fato de terem sido originariamente objeto de normatização e sistematização teórica nesse ramo do direito. Infelizmente, o direito administrativo sancionador somente passou a ocupar-se de importantes garantias em período muito mais recente do que o direito penal. Mas já há algumas décadas, tem-se reconhecido que certos princípios do direito penal são aplicáveis ao direito administrativo sancionador, tendo em vista que, embora distintas, essas duas searas possuem em comum a sua pertinência ao poder punitivo estatal.

É nessa senda que a Lei nº 14.230/2021 inseriu, no art. 1º da Lei nº 8.429/1992, o §4º, que determina: "Aplicam-se ao sistema da improbidade disciplinado nesta Lei os princípios constitucionais do direito administrativo sancionador". E não poderia ser diferente, pois as penas da Lei de Improbidade Administrativa são substancialmente mais severas que as regularmente impostas em outros campos do direito administrativo sancionador.[8]

Desde a promulgação da CF de 1988, doutrina[9] e jurisprudência têm aprofundado esforços de detecção e sistematização desses princípios, entre os quais podem ser reconhecidos aqueles previstos nos seguintes incisos do art. 5º da CF: devido processo legal, contraditório

---

[8] Sobretudo, considerando-se a potencial suspensão dos direitos políticos, o que afeta diretamente o núcleo dos direitos fundamentais.

[9] GOMEZ TOMILLO, Manuel; SANZ RUBIALES, Iñigo. *Derecho administrativo sancionador*. Parte General. 2. ed. Navarra: Aranzadi/Thomson Reuters, 2010; GARCIA DE ENTERRÍA, Eduardo; FERNÁNDEZ, Tomás Ramón. *Curso de derecho administrativo*. Madri: Thomson/Civitas y La Ley, 2005; NIETO, Alejandro. *Derecho administrativo sancionador*. Madrir: Tecnos, 1991 e SUAY RINCON, José. *Sanciones administrativas*. Madrid: Real Colegio de España, 1989; NEISSER, Fernando Gaspar. *A responsabilidade subjetiva na improbidade administrativa*: um debate pela perspectiva penal. Tese (Doutorado) – USP, São Paulo, 2018.

e ampla defesa (LIII, LIV e LV); legalidade (II e XXXIX); irretroatividade, salvo em benefício do réu (XL); pessoalidade da sanção (XLV) e individualização da pena (XLVI).[10]

Quanto à retroatividade benéfica, a sua lógica é unissonamente reconhecida pelos penalistas: se determinado ato passa a não ser mais ensejador de certa punição, é iníquo que o estado mantenha o processo contra quem tenha praticado tal ato, ou permaneça levando a efeito a condenação, mesmo a transitada em julgado.[11]

Pelas razões acima expostas, também o art. 9º da CADH não deve ser interpretado como de aplicação restrita às normas do direito penal. A própria Corte IDH já se manifestou contrariamente a essa restrição:

> [...] convém analisar se o artigo 9º da Convenção é aplicável à matéria sancionatória administrativa, além de sê-lo, evidentemente, à penal. Os termos usados no referido preceito parecem referir-se exclusivamente a esta última. Contudo, é necessário levar em conta que as sanções administrativas são, como as penais, uma expressão de poder punitivo do Estado e que têm, por vezes, natureza similar à destas. Umas e outras implicam menoscabo, privação ou alteração dos direitos das pessoas, como consequência de uma conduta ilícita.[12]

Tais considerações constituem norte hermenêutico que deve também ser utilizado para interpretação do inc. XL do art. 5º da CF.

Ademais, a CADH possui, como acima explicado, valor jurídico de estatuto normativo supralegal, devendo o seu art. 9º, com a interpretação adotada pela Corte IDH, ser referência para a exegese e aplicação das normas inseridas na LIA pela Lei nº 14.230/2021, do que deve decorrer – ao contrário do que decidido pelo STF – o reconhecimento da ampla retroatividade da revogação da modalidade culposa de improbidade.

---

[10] GONÇALVES, Benedito; GRILO, Renato César Guedes. Os princípios constitucionais do direito administrativo sancionador no regime democrático da Constituição de 1988. *Revista Estudos Institucionais*, v. 7, n. 2, p. 467-478. DOI: https://doi.org/10.21783/rei.v7i2.636. BINENBOJM, Gustavo. O direito administrativo sancionador e o estatuto constitucional do poder punitivo estatal possibilidades, limites e aspectos controvertidos da regulação do setor de revenda de combustíveis. *Revista de Direito da Procuradoria Geral*, Rio de Janeiro, p. 468-491, 2014. Edição Especial: Administração Pública, Risco e Segurança Jurídica.

[11] REALE JÚNIOR, Miguel. *Fundamentos de direito penal*. 5. ed. Rio de Janeiro: Forense, 2020. p. 74.

[12] Corte IDH, *Caso Baena Ricardo y otros vs. Panamá*, acórdão de 2.2.2001, parágrafo 106.

Informação bibliográfica deste texto, conforme a NBR 6023:2018 da Associação Brasileira de Normas Técnicas (ABNT):

ARAÚJO, Florivaldo Dutra de; SILVEIRA, Marilda de Paula. Comentários ao Enunciado nº 37. *In*: FORTINI, Cristiana; GODINHO, Heloísa Helena A. M.; BASTOS JUNIOR, Luiz Magno P.; SANTOS, Rodrigo Valgas dos (Coord.). *Comentários aos Enunciados do IBDA*: mudanças na Lei de Improbidade Administrativa. Belo Horizonte: Fórum, 2024. p. 197-203. ISBN 978-65-5518-727-4.

# COMENTÁRIOS AO ENUNCIADO Nº 38

RODRIGO VALGAS DOS SANTOS
ADRIANA DA COSTA RICARDO SCHIER

> **Enunciado nº 38: No Tema nº 1.199, o STF reconheceu a incidência das normas da Lei nº 14.230/21 que sejam mais favoráveis ao réu quando admitiu a constitucionalidade da exclusão da modalidade culposa e a fez aplicável aos processos em curso. Assim, qualquer alteração da lei nova, desde que mais favorável ao réu, deve ser aplicada imediatamente às ações em curso (*lex mitior*). Porém, quando as alterações forem mais gravosas (*lex gravior*), apenas incidirão para fatos posteriores à entrada em vigor da Lei nº 14.230/21.**

Uma das relevantes contribuições do II Enunciados do Instituto de Direito Administrativo – IBDA (Jornada de Pirenópolis), realizado com o tema Mudanças na Lei de Improbidade Administrativa, é o *Enunciado nº 38,* que trata justamente da aplicação das normas mais favoráveis aos réus aos processos em curso,[1] referindo-se, especialmente, ao posicionamento do STF na matéria.

Com efeito, desde a edição da Lei nº 14.230/2021, que modificou expressivamente o regime de improbidade no Brasil, o Supremo Tribunal Federal – STF tem enfrentado as alterações legislativas na LIA, a exemplo do RE nº 843.989 (Tema nº 1.199), ADI nº 7.042, ADI nº 7.043, ADI nº 7.156, ADI nº 7.236 e ADI nº 7.237.

No Tema nº 1.199, a Corte debruçou-se sobre a natureza da ação de improbidade administrativa. Por maioria, entendeu-se ser uma ação de natureza civil e essa premissa foi fundamental para que o Rel. Min. Alexandre de Moraes analisasse diversas das inovações trazidas pela Lei nº 14.230/2021.

---

[1] Os enunciados completos bem como a metodologia e integrantes da Jornada de Pirenópolis foram significativo contributo do Instituto Brasileiro de Direito Administrativo – IBDA, para orientar a interpretação e aplicação das mudanças operadas na LIA (Disponível em: https://ibda.com.br/wp-content/uploads/2023/06/II-Enunciados-do-IBDA-Jornada-de-Pirenopolis-Mudancas-na-Lei-de-Improbidade-Administrativa-1.pdf. Acesso em: 11 set. 2023).

A decisão, no entanto, merece temperamentos. Se por um lado a ação de improbidade administrativa não é propriamente uma "ação penal", é certo que também não é uma típica "ação civil". Uma das mais importantes alterações promovidas com a edição da citada Lei nº 14.230/2021 foi, expressamente, fazer consignar em seus dispositivos a incidência no microssistema de improbidade dos "princípios do Direito Administrativo Sancionador – DAS". O legislador reconheceu, ainda, também de maneira explícita, seu caráter repressivo e sancionatório, especialmente no art. 1º, §4º[2] c/c o art. 17-D, *caput*,[3] da Lei nº 14.230/2021.

Inegável, portanto, que o microssistema da Lei de Improbidade Administrativa está vinculado ao direito administrativo sancionador – DAS, a ela se aplicando, tanto no seu aspecto material como processual, as mesmas garantias e princípios que regulam e protegem o indivíduo na seara penal. Daí o tema tratado no enunciado em comento: incide na aplicação da LIA o princípio que assegura a retroatividade da lei mais benigna (*novatio legis in mellius*), estampado no inc. XL, do art. 5º, da CF: "a lei penal não retroagirá, *salvo para beneficiar o réu*". Tem aplicação, de igual maneira, o art. 9º, da Convenção Americana de Direitos Humanos – CADH.[4] Tem-se assegurada, portanto, a garantia de que, em havendo reconhecimento pelo legislador que importe em minimizar o desvalor de determinada conduta, seja reduzindo a sanção a ela aplicável, seja retirando-lhe a ilicitude (tratando-a como conduta atípica), tal regime deve alcançar a todos. Afasta-se, assim, a teoria do *tempus regit actum* em prol da retroatividade da norma mais benéfica.

Mas é certo que a regra geral é a irretroatividade da norma, especialmente quando o legislador estabelece um novo regime mais severo. Nesses casos (*lex gravior*), a irretroatividade configura-se como direito fundamental informado pelo viés da segurança jurídica. Por

---

2 "Art. 1º [...] §4º Aplicam-se ao sistema da improbidade disciplinado nesta Lei os princípios constitucionais do direito administrativo sancionador".

3 "Art. 17-D. A ação por improbidade administrativa é repressiva, de caráter sancionatório, destinada à aplicação de sanções de caráter pessoal previstas nesta Lei, e não constitui ação civil, vedado seu ajuizamento para o controle de legalidade de políticas públicas e para a proteção do patrimônio público e social, do meio ambiente e de outros interesses difusos, coletivos e individuais homogêneos".

4 "ARTIGO 9 Ninguém pode ser condenado por ações ou omissões que, no momento em que forem cometidas, não sejam delituosas, de acordo com o direito aplicável. Tampouco se pode impor pena mais grave que a aplicável no momento da perpetração do delito. Se depois da perpetração do delito a lei dispuser a imposição de pena mais leve, o delinquente será por isso beneficiado".

isso o acerto no enunciado do IBDA: nos casos de alterações mais gravosas, estas apenas incidirão para fatos posteriores à entrada em vigor da Lei nº 14.230.

Não parece haver fundamento para afastar tais garantias na seara do direito administrativo sancionador. É fato que este não se confunde com o direito penal, mas não podemos negar que com ele tem inúmeros pontos de contato, a exemplo do princípio da estrita legalidade (art. 5º, inc. XXXIX), da pessoalidade e individualização da pena (art. 5º, incs. XLV e XLVI), da presunção de inocência (art. 5º, inc. LVII) etc., além do princípio da retroatividade da lei mais benigna (art. 5º, inc. XL), tratado no enunciado sob comento. E isto sem falar dos princípios do devido processo legal, contraditório e da ampla defesa, razoabilidade e proporcionalidade, todos da Constituição da República.

Ao afirmar a "natureza civil" da ação de improbidade, no julgamento do Tema nº 1.199, o STF teve em mira especialmente evitar a retroatividade da norma mais benigna para modalidade culposa em processos transitados em julgado ou em execução de sentença e ainda no tocante aos prazos de prescrição geral e intercorrente, dado seu natural impacto. A situação teria sido mais bem contornada pelo STF com a modulação de efeitos. O entendimento adotado, *data venia*, não respeita o regime jurídico dos direitos fundamentais. Isso porque, ao reconhecer a retroatividade da norma mais benéfica apenas para os processos em curso, cria uma cláusula de barreira para a incidência do direito fundamental em questão: a coisa julgada. A posição adotada pelo STF, assim, restringe a aplicação do direito fundamental à retroatividade da norma mais benéfica, condicionando-o à inexistência de coisa julgada. E sabemos que os direitos fundamentais somente poderão ter seu âmbito de incidência restrito nas hipóteses previstas na Constituição Federal – o que não é o caso.

A solução hermenêutica adotada pela Corte, entretanto, sustentou-se na equivocada imputação da natureza civil para a matéria – em alguns tópicos.

Em nossa perspectiva, por "natureza civil" devemos interpretar o sentido de "jurisdição civil" onde tramitam as ações de improbidade, mas isso não deveria importar a negação pelo STF da natureza jurídica de direito administrativo sancionador da ação de improbidade administrativa, o que, a bem da verdade, não foi inteiramente negado pelo STF.

Afinal, quando a Corte afirmou, no Tema nº 1.199, que *atos de improbidade administrativa culposos praticados antes da vigência da Lei nº*

*14.230/2021, mas sem condenação transitada em julgado, seriam beneficiados com a revogação da modalidade culposa*, de certa forma reconheceu a natureza de direito administrativo sancionador da LIA. Fosse uma "mera ação civil", o STF não poderia tê-lo feito.

Importante destacar que, apesar da crítica neste artigo, o STF foi bastante pontual ao restringir a retroatividade da norma mais benéfica aos processos em curso, no Tema nº 1.119. Em nenhum momento se afirmou que outras normas mais favoráveis introduzidas pela Lei nº 14.230/2021 não poderiam ser aplicadas aos processos em curso. Aliás, o STF tem aplicado a retroatividade das normas mais benéficas, trazidas pela lei em comento, em diversas outras matérias.

Como destaca Luciano Ferraz,[5] o STF tem utilizado da mesma *ratio decidendi* do Tema nº 1.199 para outras inovações normativas, desde que os processos estejam em curso. No Ag. Reg. nº 1.346.594, reconheceu a atipicidade das condutas de improbidade por afronta aos princípios que não se amoldem às condutas taxativamente previstas na lei. De igual maneira, a necessidade de dolo específico também foi admitida pela Corte para processo em curso, no RE nº 1.452.808/SC.

Tais casos demonstram que o Tema nº 1.199 não ficou restrito apenas à questão da modalidade culposa, mas vem admitindo – corretamente – a incidência da aplicação do princípio da retroatividade da norma mais benéfica em favor dos réus.

Mas há ainda longo caminho a trilhar na seara garantista em matéria de improbidade. Apesar do entendimento assentado na Suprema Corte, não raro nos deparamos com ações de improbidade em que, a despeito da orientação pela aplicação da Lei nº 14.230/2021 aos processos em curso nos moldes definidos pelo STF no citado Tema nº 1.199, foi aplicada a pena de suspensão de direitos políticos de 14 anos, como sanção decorrente da prática de condutas tipificadas no art. 9º, da LIA, para fatos praticados anteriormente à vigência da lei.[6]

---

[5] FERRAZ, Luciano. Tema 1.199 não restringe retroatividade só na improbidade culposa (parte 2). *Conjur*, 2 nov. 2023. Disponível em: https://www.conjur.com.br/2023-nov-02/interesse-publico-tema-1199-nao-restringe-retroatividade-lei-14230-parte/. Acesso em: 15 nov. 2023.

[6] Veja-se, por exemplo, a recente decisão do Tribunal de Justiça do Estado de São Paulo, no Recurso de Apelação nº 1006019-82.2021.8.26.0482, julgado pela 6ª Câmara de Direito Público em 1º.11.2023, no qual foi mantida a decisão de primeira instância (Presidente Prudente), condenando-se o ex-prefeito e servidora do município de Anhumas por improbidade administrativa. Neste caso, foi aplicada a pena de suspensão dos direitos políticos por 14 anos, além das outras sanções cominadas na lei, tomando-se por parâmetro os novos dispositivos legais.

Tal entendimento importa em absoluta negação dos princípios mais basilares de direito administrativo sancionador, pois é evidente que, se ao tempo do fato a pena máxima de suspensão de direitos políticos não excedia 10 anos (redação originária do art. 12, I, da LIA), não se afigura possível aplicar pena mais severa sob a alegada incidência do novo regime da LIA aos processos em curso. Trata-se de entendimento que afronta o art. 5º, XL, da Constituição Federal, afastando uma das regras mais comezinhas do direito: *tempus regit actum*.

Por essas razões, muito relevantes os julgados mais recentes do STF sobre a LIA, que têm reconhecido aquilo que o Enunciado nº 38 do IBDA já preconizara há algum tempo, dando deferência ao sistema de direitos e garantias fundamentais assegurado na Constituição Federal de 1988.

Informação bibliográfica deste texto, conforme a NBR 6023:2018 da Associação Brasileira de Normas Técnicas (ABNT):

SANTOS, Rodrigo Valgas dos; SCHIER, Adriana da Costa Ricardo. Comentários ao Enunciado nº 38. *In*: FORTINI, Cristiana; GODINHO, Heloísa Helena A. M.; BASTOS JUNIOR, Luiz Magno P.; SANTOS, Rodrigo Valgas dos (Coord.). *Comentários aos Enunciados do IBDA*: mudanças na Lei de Improbidade Administrativa. Belo Horizonte: Fórum, 2024. p. 205-209. ISBN 978-65-5518-727-4.

# COMENTÁRIOS AO ENUNCIADO Nº 39

RICARDO SCHNEIDER RODRIGUES
FÁBIO LINS DE LESSA CARVALHO

**Enunciado nº 39: A manifestação do Tribunal de Contas prevista no §3º do art. 17-B da Lei nº 8.429/1992 tem natureza opinativa, motivo pelo qual não vincula as partes nem o magistrado.**

A "nova" Lei de Improbidade Administrativa (LIA), ao disciplinar o acordo de não persecução civil, estabeleceu que, para fins de apuração do valor do dano a ser ressarcido, deverá ser realizada a oitiva do Tribunal de Contas competente, que se manifestará, com indicação dos parâmetros utilizados, no prazo de 90 noventa dias (§3º do art. 17-B).

Tal previsão é necessária, pois a existência de independência entre as esferas judicial e controladora – prevista na redação original da LIA e mantida após a reforma, nos termos do art. 21, inc. II – permite a formação de dois títulos executivos diversos sobre o mesmo fato, inclusive quanto ao montante do dano apurado.

De um lado, a sentença homologatória do acordo que estabeleceu o ressarcimento ao erário, decorrente de ato de improbidade administrativa, e, do outro, eventual acórdão do Tribunal de Contas competente, que impute o débito ao responsável, nos termos do §3º do art. 71 da Constituição, em relação ao mesmo evento danoso alvo do acordo.

Daí a relevância em se ouvir previamente o Tribunal de Contas, que poderá vir a exercer a fiscalização sobre o mesmo fato objeto do acordo de não persecução civil, numa tentativa de uniformizar o entendimento acerca da estimativa do dano ao erário.

Para evitar o *bis in idem* em casos semelhantes, o Tribunal de Contas da União assentou a jurisprudência de que, ocorrendo o ressarcimento em uma instância, faculta-se ao responsável apresentar a comprovação perante o juízo de execução, para evitar o duplo pagamento (Acórdão nº 3.051/2019-Plenário, *Boletim de Jurisprudência*, n. 294, 3 fev. 2020).

No mesmo sentido, o Superior Tribunal de Justiça em entendimento consolidado segundo o qual não configura *bis in idem* a coexistência de acórdão condenatório do Tribunal de Contas ao ressarcimento ao erário e de sentença condenatória em ação civil pública por improbidade administrativa (AgInt no REsp nº 1.620.286/DF, Rel. Min. Regina Helena Costa, Primeira Turma, j. 23.2.2021, *DJe*, 1º mar. 2021; REsp nº 1.135.858/TO, Rel. Min. Humberto Martins, Segunda Turma, j. 22.9.2009, *DJe*, 5 out. 2009).

Embora se referindo ao poder sancionador, a "nova" Lei de Introdução às Normas do Direito Brasileiro (LINDB) também impõe a aplicação de semelhante raciocínio, ao estabelecer que as sanções aplicadas ao agente serão levadas em conta na dosimetria das demais penalidades de mesma natureza e relativas ao mesmo fato (art. 22, §3º).[1]

Destarte, a jurisprudência aponta um caminho seguro, qual seja, o da preservação da independência das esferas judicial e de controle, sem, contudo, vulnerar o princípio da segurança jurídica, ao afastar qualquer possibilidade de *bis in idem* em relação ao ressarcimento ao erário.

Com a nova lei, a preocupação com a segurança jurídica é acentuada, ao se estimular uma compatibilização entre os montantes apurados nas esferas controladora e judicial. Afinal, a disparidade na mensuração do dano em relação ao mesmo fato, ocorrendo em momentos diversos, por atores distintos, traduz uma quebra da legítima expectativa de quem já havia imaginado ter quitado sua obrigação perante o Poder Público. O ideal é buscar mecanismos voltados à padronização dos critérios e que permitam apurar o dano de modo semelhante.

A partir das alterações promovidas pela Lei nº 14.230/2021, surgiram debates importantes acerca da natureza dessa manifestação do Tribunal de Contas competente em sede de acordo de não persecução civil.

Uma primeira leitura do novo enunciado legal (art. 17-B, §3º, da LIA)[2] permitiu atribuir ao pronunciamento do Tribunal de Contas um caráter vinculativo, em matéria de apuração de dano ao erário, limitando, por conseguinte, a atuação do Ministério Público – ou do ente público lesado, conforme entendimento consolidado nas ADIs nºs

---

1 "As sanções aplicadas ao agente serão levadas em conta na dosimetria das demais sanções de mesma natureza e relativas ao mesmo fato".

2 "Art. 17-B. [...] §3º Para fins de apuração do valor do dano a ser ressarcido, deverá ser realizada a oitiva do Tribunal de Contas competente, que se manifestará, com indicação dos parâmetros utilizados, no prazo de 90 (noventa) dias".

7.043 e 7.042 – por ocasião da celebração do acordo de não persecução civil. Em outros termos, uma interpretação possível apontaria para a preponderância da manifestação do órgão de controle externo sobre a ministerial, afastando a jurisprudência anterior que assegurava a independência das instâncias.

Tal perspectiva ganhou ênfase a partir da decisão monocrática do Ministro Alexandre de Moraes no pedido de Medida Cautelar na ADI nº 7.326/DF, que suspendeu a eficácia do referido art. 17-B, §3º, da LIA.

Para o relator:

> a norma aparenta condicionar o exercício da atividade-fim do Ministério Público à atuação da Corte de Contas, transmudando-a em uma espécie de ato complexo apto a interferir indevidamente na autonomia funcional constitucionalmente assegurada ao órgão ministerial.

Ademais, rechaçou a possibilidade de lei ordinária de autoria parlamentar vir a fixar prazo para a manifestação do Tribunal de Contas, ferindo suas prerrogativas de autonomia e de autogoverno.

Para ser mais preciso, na ADI nº 7.236, proposta pela Associação Nacional dos Membros do Ministério Público – Conamp, aduziu-se a inconstitucionalidade do §3º do art. 17-B, presente no art. 2º da Lei nº 14.230/2021, sob o fundamento de que a condição de procedibilidade prevista na norma (oitiva obrigatória do Tribunal de Contas competente para fins de apuração do valor do dano a ser ressarcido na hipótese de celebração de acordo de não persecução civil) "interfere diretamente na autonomia do Ministério Público, que é um dos legitimados para a propositura da ação de improbidade administrativa", além de transformar os tribunais de contas "em órgãos de assessoria do Ministério Público em matéria de ANPC", alterando o plexo de suas atribuições constitucionalmente delineadas.

De fato, não deve ser esta a interpretação do dispositivo legal, que efetivamente tem relevância para evitar entendimentos diversos em relação ao dano ao erário apurado em diferentes esferas de responsabilidade, o que geraria insegurança jurídica. Propiciar a uniformização dos critérios de apuração dos danos é salutar. Considerando a independência das esferas de controle e judicial, a solução mais adequada seria conferir ao dispositivo interpretação conforme à Constituição para, a um só tempo, assegurar a independência do Ministério Público, do Judiciário e dos próprios tribunais de contas, como também viabilizar, se possível, a prévia oitiva do órgão de contas, cujo pronunciamento técnico poderá contribuir para uma melhor delimitação do valor a ser ressarcido.

Por tais razões, o IBDA aprovou o Enunciado nº 39, com a seguinte redação: "A manifestação do Tribunal de Contas prevista no §3º do art. 17-B da Lei nº 8.429/1992 tem natureza opinativa, motivo pelo qual não vincula as partes nem o magistrado".

Assim, deve ser interpretada a norma de maneira a reconhecer o caráter impróprio do referido prazo de noventa dias, deixando a critério de cada Tribunal de Contas a avaliação da conveniência e oportunidade de se manifestar quanto ao dano no referido prazo, bem como se deve atribuir ao eventual pronunciamento da Corte de Contas o caráter meramente opinativo, sem vincular as demais esferas de controle e judicial.

Entender de forma contrária seria algo temerário, pois, como entendeu o Ministro Alexandre de Moraes, além de não ser possível condicionar o exercício da atividade-fim do Ministério Público à atuação da Corte de Contas (conforme antes destacado), estar-se-ia criando "uma espécie de ato complexo apto a interferir indevidamente na autonomia funcional constitucionalmente assegurada ao órgão ministerial".

Desta forma, a participação dos Tribunais de Contas na formação do acordo de não persecução civil é facultativa. A possibilidade de sua manifestação deve ser assegurada, mas caberá à Corte avaliar a pertinência de se pronunciar acerca do dano a ser ressarcido, até mesmo em razão do prazo estabelecido – 90 (noventa) dias – que, a depender da complexidade do caso, poderá ser considerado exíguo.

Caso a Corte opte por se manifestar, caberá ao Ministério Público – e ao próprio Judiciário, a quem compete homologar o acordo – levar em consideração a estimativa e os critérios utilizados pelo Tribunal de Contas sem, contudo, haver qualquer vinculação. Caso, ao final, haja divergência entre os montantes estipulados nas diferentes esferas, deve-se aplicar a referida jurisprudência, abatendo-se o valor já pago do montante a ser quitado na instância cuja apuração tenha sido mais rigorosa, evitando-se o *bis in idem*.

Em resumo, andou muito bem o Instituto Brasileiro de Direito Administrativo (IBDA), pois, ao ressaltar a natureza opinativa da manifestação do Tribunal de Contas prevista no §3º do art. 17-B da Lei nº 8.429/1992, restaram ressaltados e assegurados com esta interpretação, de uma só vez:

a) a independência entre as esferas judicial e controladora;
b) a vedação ao *bis in idem* em relação ao ressarcimento ao erário (preservação da segurança jurídica);
c) a uniformização dos critérios de apuração dos danos;
d) a prévia oitiva do órgão de contas, cujo pronunciamento técnico facultativo e opinativo (não vinculando o Ministério Público e o Judiciário) poderá contribuir para uma melhor delimitação do valor a ser ressarcido;
e) a natureza imprópria do prazo de noventa dias para manifestação do Tribunal de Contas, que poderá, em determinados casos de maior complexidade, precisar de tempo superior ao estabelecido na norma;
f) a plena autonomia do Ministério Público; e
g) o gozo das prerrogativas de autonomia e de autogoverno das cortes de contas.

Informação bibliográfica deste texto, conforme a NBR 6023:2018 da Associação Brasileira de Normas Técnicas (ABNT):

RODRIGUES, Ricardo Schneider; CARVALHO, Fábio Lins de Lessa. Comentários ao Enunciado nº 39. *In*: FORTINI, Cristiana; GODINHO, Heloísa Helena A. M.; BASTOS JUNIOR, Luiz Magno P.; SANTOS, Rodrigo Valgas dos (Coord.). *Comentários aos Enunciados do IBDA*: mudanças na Lei de Improbidade Administrativa. Belo Horizonte: Fórum, 2024. p. 211-215. ISBN 978-65-5518-727-4.

## SOBRE OS AUTORES

**Adriana da Costa Ricardo Schier**
Advogada. Mestre e Doutora em Direito pela UFPR – Universidade Federal do Paraná. Realizou o Estágio Pós-Doutoral na PUCPR. Professora da Graduação e do PPGD do Centro Universitário do Brasil – Unibrasil. Presidente do Instituto Paranaense de Direito Administrativo – IPDA, Presidente da Comissão de Estudos de Fomento e Poder de Polícia do Instituto Brasileiro de Direito Administrativo – IBDA. Vice-Presidente da Comissão de Infraestrutura e Sustentabilidade da OAB/PR.

**Alice Voronoff**
Mestre e Doutora em Direito Público pela Universidade do Estado do Rio de Janeiro. Procuradora do Estado do Rio de Janeiro. Advogada.

**Ana Maria Barata**
Advogada. Mestre pela Universidade Federal do Pará.

**André Saddy**
Pós-Doutor pelo Centre for Socio-Legal Studies da Faculty of Law da University of Oxford. Doutor pela Facultad de Derecho da Universidad Complutense de Madrid. Mestre em Administração Pública pela Faculdade de Direito da Universidade de Lisboa. Pós-Graduado em Regulação Pública e Concorrência pelo Centro de Estudos de Direito Público e Regulação (Cedipre) da Faculdade de Direito da Universidade de Coimbra. Professor de Direito Administrativo da Faculdade de Direito, do Mestrado em Direito Constitucional e do Doutorado em Direitos, Instituições e Negócios da Universidade Federal Fluminense (UFF). Professor de Direito Administrativo do Departamento de Direito da PUC-Rio. Diretor Executivo do Instituto Brasileiro de Direito Administrativo (IBDA). Vice-Presidente do Instituto de Direito Administrativo do Rio de Janeiro (IDARJ). Diretor-Presidente do Centro de Estudos Empírico-Jurídicos (CEEJ). Advogado. Consultor e parecerista.

**Antônio Flávio de Oliveira**
Mestre em Direito e Políticas Públicas (UFG). Ex-Corregedor-Geral da Procuradoria-Geral do Estado de Goiás. Ex-Procurador-Geral do Município de Goiânia. Procurador do Estado de Goiás. Professor universitário na Universo (graduação) e no Juris, IDP e Ipog (pós-graduação). Árbitro na Cames. Professor em cursos preparatórios para carreiras jurídicas. Membro do Instituto de Direito Administrativo de Goiás (Idag). Autor de obras jurídicas. Palestrante.

**Antônio Rodrigo Machado**
Advogado. Mestre em Direito Administrativo. Doutorando em Direito Constitucional. Professor de Direito Administrativo da graduação e pós-graduação do Instituto Brasileiro de Desenvolvimento, Ensino e Pesquisa – IDP. Vice-Presidente do Instituto de Direito Administrativo do Distrito Federal. Membro do Instituto Brasileiro de Direito Administrativo Sancionador – Idasan.

**Arthur Castro**
Especialista em Regulação de Aviação Civil. Mestre em Direito, Estado e Constituição (UnB). Professor de Direito Regulatório e Processual.

**Bruna Toledo Piza Magacho**
Advogada e mestre em Direito e Políticas Públicas pela Universidade Federal de Goiás.

**Bruno M. F. Monteiro Belém**
Procurador do Estado de Goiás. Mestre em Ciências Jurídico-Políticas pela Universidade de Lisboa.

**Caio Mário Lana Cavalcanti**
Advogado. Especialista em Direito Administrativo, Tributário e Processual pela Pontifícia Universidade Católica de Minas Gerais (PUC Minas). Especialista em Direito Tributário e Constitucional pela Universidade Cândido Mendes (Ucam). Especialista em Advocacia Pública pelo Instituto para o Desenvolvimento Democrático (IDDE). Especialista em Direito Administrativo, Direito Público, Direito Processual e Direito Constitucional pela Faculdade de Estudos Administrativos de Minas Gerais (FEAD-MG). Especialista em Direito Penal e Processual Penal pela Faculdade Arnaldo. Especialista em Direito Público Aplicado pela Escola Brasileira de Direito (Ebradi).

**Carlos Nitão**
Mestre em Direito pela UFRN. Professor voluntário da Universidade de Brasília (UNB). Membro do Instituto Direito Administrativo Paraibano – IDAP PB. Procurador Federal – AGU.

**Caroline Maria Vieira Lacerda**
Mestre em Direito pelo Instituto de Desenvolvimento e Pesquisa. Doutoranda em Direito pela Universidade de Brasília.

**Cesar Pereira**
Doutor e Mestre em Direito do Estado pela PUC-SP. *Chartered Arbitrator* (C.Arb) e *Fellow* (FCiarb) do Chartered Institute of Arbitrators – Ciarb. Foi pesquisador visitante na Universidade de Columbia, Universidade de Nottingham e Universidade George Washington, nas áreas de arbitragem internacional e contratos públicos.

**Clovis Beznos**

Advogado. Doutor e Mestre em Direito do estado pela PUC-SP. Procurador do Estado de São Paulo aposentado, onde ocupou a Chefia da Procuradoria Administrativa. Professor de Direito Administrativo, no bacharelado e pós-graduação da PUC-SP. Ex-Presidente do Instituto Brasileiro de Direito Administrativo (IBDA). Ex-Coordenador do Curso de Especialização em Direito Administrativo da PUC/Cogeae.

**Cristiana Fortini**

Presidente do Instituto Brasileiro de Direito Administrativo (IBDA). Especialista em mediação, conciliação e arbitragem. Doutora pela UFMG. Estágio Senior (CAPES) pela George Washington University (Estados Unidos). Professora convidada da Universidade de Pisa (Itália). Professora de cursos de graduação, mestrado e doutorado da UFMG. Professora do mestrado das Faculdades Milton Campos. Vice-presidente Jurídica da CEMIG.

**Daiesse Quênia Jaala Santos Bomfim**

Auditora de Controle Externo no Tribunal de Contas do Município de São Paulo. Chefe da Divisão de Licitações e Contratos da Secretaria de Controle Interno da Advocacia-Geral da União. Membro do Instituto de Direito Administrativo Sancionador. Presidente da Comissão de Diversidade Racial do Instituto Brasileiro de Direito Administrativo (IBDA). Membro do Instituto Brasileiro de Direito e Ética Empresarial (IBDEE). Mestre em Direito pela Universidade Nove de Julho. MBA em Diversidade e Inclusão pela Business Behaviour of Chicago. Professora e palestrante.

**Daniel de Carvalho Guimarães**

Procurador do Ministério Público de Contas de Minas Gerais. Especialista em Direito Tributário pela PUC Minas. Subprocurador-Geral do MPC-MG.

**Davi Marques da Silva**

Procurador do Estado do Rio de Janeiro. Mestre e Doutor em Direito Público e Evolução Social pela Unesa. Professor da Faculdade Presbiteriana Mackenzie-Rio. Coordenador da Disciplina Direito Financeiro do Programa Pais – PGE.

**Delson Lyra da Fonseca**

Sócio-fundador do Instituto de Direito Administrativo de Alagoas – IDAA. Advogado. Foi Delegado da Polícia Federal, Promotor de Justiça, Procurador da República e Professor de Direito Penal da Ufal, Seune, FAL e Esmal.

**Fábio Lins de Lessa Carvalho**

Doutor em Direito Administrativo pela Universidad de Salamanca. Procurador do Estado de Alagoas. Professor da Universidade Federal de Alagoas e do Centro Universitário Cesmac. Presidente do Instituto de Direito Administrativo de Alagoas (IDAA).

**Fabrício Motta**

Conselheiro do Tribunal de Contas dos Municípios de Goiás (TCM-GO). Professor permanente do Programa de Pós-Graduação em Direito e Políticas Públicas da Faculdade de Direito da UFG. Doutor em Direito do Estado (USP). Mestre em Direito Administrativo (UFMG). Membro nato da Diretoria do Instituto Brasileiro de Direito Administrativo (IBDA).

**Felipe Gurjão Silveira**

Mestrando em Ciência Jurídica pela Universidade Vale do Itajaí (Univali). Advogado. Pós-Graduado em Direito Administrativo pelo Instituto Brasileiro de Ensino, Desenvolvimento e Pesquisa (IDP) e em Processo Civil pelo Damásio. MBA em Licitações e Contratos Administrativos pela Polis Civitas. Membro da Comissão de Direito Administrativo da Ordem dos Advogados do Brasil (OAB) de Rondônia. Membro Fundador e Diretor Tesoureiro do Instituto Rondoniense de Direito Administrativo (IRDA). Membro da Comissão Nacional de Estudos sobre Mecanismos de Fomento e Poder de Polícia.

**Fernanda Ghiuro Valentini Fritoli**

Doutoranda em Direito Administrativo e Mestre em Direito Constitucional pela Pontifícia Universidade Católica de São Paulo (PUC-SP). Professora de cursos de especialização e extensão. Advogada.

**Flávio Garcia Cabral**

Procurador da Fazenda Nacional. Coordenador-Geral de Contratações Públicas da PGFN. Pós-Doutor em Direito pela PUCPR. Doutor em Direito Administrativo pela PUC-SP. Professor do Mestrado da Unirio.

**Florivaldo Dutra de Araújo**

Professor de Direito Administrativo na UFMG.

**Francisco Zardo**

Doutorando em Direito Administrativo (USP). Mestre em Direito do Estado (UFPR). Vice-Presidente do Instituto de Direito Administrativo Sancionador Brasileiro (Idasan). Conselheiro Estadual da OAB/PR.

**Giovani Menicucci**

Advogado em Brasília. Mestre em Direito Administrativo pela PUC-SP. Membro Fundador e Diretor de Comunicação do Instituto de Direito Administrativo Sancionador Brasileiro (Idasan). Membro da Comissão de Combate à Corrupção da OAB/DF, do Instituto Brasileiro de Estudos de Concorrência, Consumo e Comércio Internacional (Ibrac) e do Instituto de Direito Administrativo do Distrito Federal (IDADF).

**Heloísa Helena Antonacio M. Godinho**

Conselheira Substituta do Tribunal de Contas do Estado de Goiás. Mestre em Administração Pública, Políticas Públicas e Gestão Governamental (IDP).

Diretora Institucional do IBDA – Instituto Brasileiro de Direito Administrativo. Diretora Financeira do IDAG – Instituto de Direito Administrativo de Goiás. Diretora de Controle Externo da Audicon – Associação Nacional dos Ministros e Conselheiros Substitutos dos Tribunais de Contas.

**Irene Patrícia Nohara**
Livre-Docente e Doutora em Direito do Estado (USP). Professora-Pesquisadora do Programa de Direito Político e Econômico da Universidade Presbiteriana Mackenzie, onde leciona Direito Administrativo na graduação. Advogada Parecerista e Árbitra em Contratos Administrativos. Gestora do *site* direitoadm.com.br.

**Ismar dos Santos Viana**
Mestre e Doutorando em Direito Administrativo pela PUC-SP. Auditor de Controle Externo. Professor. Advogado. Membro do Instituto de Direito Administrativo Sancionador Brasileiro – Idasan e da Comissão de Direito Administrativo Sancionador do CFOAB. Coordenador e professor do curso de Pós-Graduação em Direito Sancionador da Faculdade de Direito 8 de julho.

**José Roberto Pimenta Oliveira**
Doutor em Direito do Estado pela PUC-SP. Professor de Direito Administrativo da PUC-SP. Procurador Regional da República. Presidente do Idasan – Instituto de Direito Administrativo Sancionador Brasileiro.

**José Sérgio da Silva Cristóvam**
Professor Adjunto de Direito Administrativo (Graduação, Mestrado e Doutorado) da UFSC. Mestre e Doutor em Direito pela UFSC, com estágio de Doutoramento Sanduíche junto à Universidade de Lisboa – Portugal. Membro-fundador e Presidente do Instituto de Direito Administrativo de Santa Catarina (IDASC). Ex-Conselheiro Federal da OAB/SC e ex-Presidente da Comissão Especial de Direito Administrativo da OAB Nacional. Coordenador do Grupo de Estudos em Direito Público do CCJ/UFSC (GEDIP/CCJ/UFSC).

**Juliana Bonacorsi de Palma**
Professora e pesquisadora da FGV Direito SP. Coordenadora do Grupo Público da FGV. Mestre e Doutora pela Faculdade de Direito da USP. *Master of Laws* pela Yale Law School.

**Juliano Heinen**
Doutor e Pós-Doutor em Direito pela UFRGS. Professor de Direito Administrativo. Advogado. Autor da obra *Curso de direito administrativo* (Ed. JusPodivm).

**Juscimar Pinto Ribeiro**
Advogado. Especialista em Direito Administrativo e Direito Constitucional. Presidente do Instituto de Direito Administrativo de Goiás – IDAG.

**Karina Houat Harb**
Advogada. Doutora e Mestre em Direito do Estado pela PUC-SP. Professora nos cursos de Graduação em Direito da Universidade Municipal de São Caetano do Sul (USCS) e de Pós-Graduação *lato sensu* em Direito da PUC-SP, da Escola Superior de Gestão e Contas Públicas do TCMSP, da Escola Paulista de Magistratura de São Paulo, da Escola Brasileira de Direito (Ebradi) e da Escola Superior da Procuradoria-Geral do Estado de São Paulo. Assessora de Controle Externo do Tribunal de Contas do Município de São Paulo. Membro Fundadora e Diretora Administrativa Adjunta do Instituto de Direito Administrativo Sancionador Brasileiro (Idasan). Membro do Instituto de Direito Administrativo Paulista (Idap) e do Instituto Brasileiro de Direito Administrativo (IBDA), no qual preside a Comissão de Estudos sobre Licitações.

**Laís Amâncio de Queiroz Pereira**
Graduada em Direito. Especialista em Direito Administrativo pela Pontifícia Universidade Católica de Minas Gerais – PUC Minas e em Direito e Processo Tributário pelo Complexo de Ensino Renato Saraiva. Pós-Graduanda em Políticas Públicas pela Universidade Federal de Goiás – UFG.

**Leonardo Ferraz**
Doutor e Mestre em Direito Público pela PUC Minas. Pós-Doutor em Direito pela Universidade Nova de Lisboa. Controlador-Geral do Município de Belo Horizonte/MG.

**Luciano Ferraz**
Advogado e consultor jurídico. Prof. Associado IV de Direito Administrativo na UFMG. ●Prof. Adjunto IV de Direito Administrativo na PUC Minas (Coração Eucarístico). Mestre e Doutor em Direito Administrativo pela UFMG. Pós-Doutor em Direito pela Universidade Nova de Lisboa.

**Luiz Magno Pinto Bastos Junior**
Advogado publicista. Doutor e Mestre em Direito (UFSC), com Estágio Pós-Doutoral na Universidade McGill (Montreal, Canadá). Professor do curso de Direito da Universidade do Vale do Itajaí (Univali) e da Universidade Federal de Santa Catarina (UFSC).

**Maísa de Castro Sousa**
Procuradora de Contas do Ministério Público de Contas junto ao TCE-GO. Mestre pelo Programa de Pós-Graduação em Direito e Políticas Públicas (PPGDP), da Universidade Federal de Goiás. Especialista em Controle Externo e Governança Pública pelo Instituto Brasiliense de Direito Público – IDP. Especialista em Direito Público pela Universidade para o Desenvolvimento do Estado e da Região do Pantanal – Uniderp. Graduada em Direito pela Uni-Anhanguera.

**Marçal Justen Filho**
Mestre e Doutor em Direito Público pela Pontifícia Universidade Católica de São Paulo.

**Marcelo Luís Abreu e Silva**
Doutorando em Direito Público pela UFBA. Mestre em Direito Administrativo pela PUC-SP. Presidente da Comissão de Direito Administrativo da OAB-BA. Advogado. Procurador do Município de Salvador (BA).

**Marcílio Barenco Corrêa de Mello**
Doutor em Direito Administrativo pela Universidade do Minho/Portugal. Mestre em Fundamentos Constitucionais dos Direitos pela Universidade Federal de Alagoas. Pós-Graduado em Direito Processual. Procurador-Geral do Ministério Público de Contas do Estado de Minas Gerais.

**Márcio Alexandre G. F. Cammarosano**
Mestre em Direito Administrativo pela PUC-SP. Professor no Curso de Especialização em Direito Administrativo da PUC-SP. Advogado.

**Marcio Augusto Moura de Moraes**
Advogado. Presidente do Instituto de Direito Administrativo do Pará (Idapar). Especialista em Direito Processual pela Rede de Ensino Luiz Flávio Gomes (2007). MBA em Direito do Trabalho pela FGV (2015). Presidente da Comissão do Terceiro Setor da OAB/PA entre 2013-2018. Conselheiro Seccional Efetivo da OAB/PA no triênio 2019-2021 e reeleito para o triênio 2022-2024. Membro da Comissão Nacional de Direito Administrativo do Conselho Federal da OAB. Membro da Comissão de Servidores Públicos do IBDA. Membro do Instituto de Direito Administrativo Sancionador (Idasan).

**Márcio Cammarosano**
Mestre e Doutor em Direito Administrativo pela PUC-SP. Professor na Graduação e Pós-Graduação da PUC-SP. Advogado.

**Marcos César Gonçalves de Oliveira**
Doutorando em Direito Constitucional no IDP. Mestre em Direito, Relações Internacionais e Desenvolvimento pela PUC Goiás. Professor de Direito Administrativo da PUC Goiás. Advogado.

**Maria Fernanda Veloso Pires**
Advogada. Doutora em Direito Público pela Pontifícia Universidade Católica de Minas Gerais (PUC Minas). Mestre em Direito Administrativo pela Universidade Federal de Minas Gerais (UFMG). Especialista em Direito Urbanístico pela Pontifícia Universidade Católica de Minas Gerais (PUC Minas).

**Maria Tereza Fonseca Dias**
Mestre e Doutora em Direito Administrativo. Professora associada da Faculdade de Direito da UFMG. Professora visitante do King's College Londres. Advogada.

**Marilda de Paula Silveira**
Professora de Direito Administrativo e Eleitoral da graduação e do mestrado da EDB/IDP.

**Marilene Matos**
Advogada. Professora do IDP na graduação e na pós-graduação. Instrutora de várias instituições de ensino na área de improbidade e licitações. Membro do Instituto de Direito Administrativo Sancionador. Mestre e Doutoranda em Direito Público. Autora de livros e artigos jurídicos. Diretora de Comunicação da Alumni Direito Universidade de Brasília.

**Mateus Camilo Ribeiro da Silveira**
Doutor e Mestre em Direito Administrativo pela Pontifícia Universidade Católica de São Paulo. Procurador do Estado de São Paulo, atualmente exercendo o cargo de Assessor de Ministro do Supremo Tribunal Federal.

**Mateus Graner**
Mestre em Direito do Estado pela UFPR. Especialista em Direito Administrativo pelo Instituto de Direito Romeu Felipe Bacellar Filho. Advogado.

**Rafael Wallbach Schwind**
Doutor e Mestre em Direito do Estado pela Universidade de São Paulo. *Visiting scholar* na Universidade de Nottingham (2016). *Fellow* do Chartered Institute of Arbitrators. Advogado.

**Raquel Melo Urbano de Carvalho**
Procuradora do Estado de Minas Gerais. Professora de Direito Administrativo. Mestre em Direito Administrativo pela Faculdade de Direito da UFMG.

**Renata Fabris Pinto Gurjão**
Mestranda em Ciência Jurídica pela Universidade Vale do Itajaí (Univali). Advogada. Pós-Graduada em Direito Administrativo pelo Instituto Brasileiro de Ensino, Desenvolvimento e Pesquisa (IDP). MBA em Licitações e Contratos Administrativos pelo Instituto Polis Civitas. Presidente da Comissão de Direito Administrativo da Ordem dos Advogados do Brasil (OAB) de Rondônia. Membro Fundadora e Secretária-Geral do Instituto Rondoniense de Direito Administrativo (IRDA). Membro da Comissão Nacional de Estudos sobre Mecanismos de Fomento e Poder de Polícia do Instituto Brasileiro de Direito Administrativo (IBDA).

**Renata Lane**
Mestre em Direito Administrativo pela PUC-SP. Especialista em Direito Ambiental pela Escola Superior da Procuradoria-Geral do Estado de São Paulo. Procuradora do Estado de São Paulo. Membra fundadora do Instituto de Direito Administrativo Sancionador (Idasan).

**Ricardo Schneider Rodrigues**
Doutor em Direito pela PUCRS. Procurador do Ministério Público junto ao Tribunal de Contas de Alagoas. Professor do Centro Universitário Cesmac. Vice-Presidente do Instituto de Direito Administrativo de Alagoas (IDAA).

**Rita Tourinho**
Promotora de Justiça do Estado da Bahia. Professora adjunta de Direito Administrativo da UFBA. Mestre em Direito Público pela UFPE. Doutoranda em Direito Público pela UFBA.

**Rodrigo Santos Neves**
Doutor em Direitos e Garantias Fundamentais pela Faculdade de Direito de Vitória – ES. Mestre em Direito Empresarial pela Universidade Candido Mendes – RJ. Professor Adjunto de Direito Público da Faculdade Municipal de Linhares – ES. Membro Associado Efetivo da Academia Brasileira de Direito Civil. Membro da Comissão de Estudos Constitucionais da OAB-ES. Procurador Municipal.

**Rodrigo Valgas dos Santos**
Advogado. Mestre em Direito pela UFPR (Universidade Federal do Paraná). Doutor em Direito. Estado e Sociedade pela UFSC (Universidade Federal de Santa Catarina). Professor do Complexo de Ensino Superior de Santa Catarina – CESUSC. Presidente da Comissão de Moralidade Pública do Conselho Seccional de Santa Catarina da OAB. 1º Vice-Presidente do Instituto Brasileiro de Direito Administrativo – IBDA. Membro vitalício da Academia Catarinense de Letras Jurídicas – Acalej, Cadeira nº 26 – patrono José Ferreira Bastos.

**Sarah Campos**
Mestre (2014) em Direito pela Universidade Federal de Minas Gerais – UFMG. Doutoranda (2015–) em Ciências Jurídico-Políticas pela Universidade de Lisboa – ULisboa. Integrante da Comissão Especial de Direito Administrativo do Conselho Federal da Ordem dos Advogados do Brasil (2013-2016/2019-2022). Integrante da Comissão de Direito Administrativo do Instituto dos Advogados de São Paulo – IASP (2019–). Procuradora-Geral do Município de Contagem/MG (2021–). Vice-Presidente do Fórum Nacional de Procuradores-Gerais das Capitais e Grandes Cidades Brasileiras (2023–). Advogada.

**Vanessa Cerqueira Reis**
Advogada. Professora de Direito Financeiro. Doutoranda em Direito Financeiro e Econômico Global da Universidade de Lisboa. Mestre em Direito da

Administração Pública pela Universidade Gama Filho. Procuradora do Estado do Rio de Janeiro.

**Vanice Regina Lírio do Valle**
Pós-Doutora em Administração pela Ebape/FGV-Rio. Doutora em Direito pela UGF. Professora Permanente do PPGDP/UFG. Procuradora do Município do Rio de Janeiro (aposentada).

**Victor Russo Fróes Rodrigues**
Advogado e professor universitário. Mestre em História pelo Programa de Pós-Graduação em História Social da Amazônia, da Universidade Federal do Pará (2018-2021). Especialista em Direito Administrativo pelo Instituto Brasileiro de Ensino, Desenvolvimento e Pesquisa – IDP (2023). Bacharel em Direito pela Universidade Federal do Pará (2010-2015), com mobilidade externa como intercambista bolsista do Programa Santander Universidades – Salamanca/ES (2012/2013). Membro fundador e atual Conselheiro da Liga Acadêmica Jurídica do Pará – Lajupa. Membro da Associação Brasileira de Ensino do Direito – Abedi e da Comissão de Educação Jurídica da OAB/PA. Vice-Diretor da Escola Superior de Advocacia da OAB/PA.

**Virginia Kirchmeyer Vieira**
Mestre em Direito Administrativo pela Universidade Federal de Minas Gerais – UFMG. Professora de Direito Administrativo. Superintendente Jurídica de Governança Corporativa da Companhia Energética de Minas Gerais – Cemig.

Esta obra foi composta em fonte Palatino Linotype, corpo 10
e impressa em papel Pólen Bold 70g (miolo) e
Supremo 250g (capa) pela Gráfica Star7.